Stephanie Weightman ist derzeit vor allem als Gastmoderatorin und Expertin bei den britischen TV-Shopping- und DIY-Kanälen „Ideal World“ und „Create and Craft“ bekannt. Sie hat mit vielen namhaften Kreativ-Marken und -Produkten gearbeitet und hat über die Jahre selber viele neue Produkte entwickelt. Sie erscheint regelmäßig im Fernsehen, auf Online-Plattformen, bei Shows und Events und veranstaltet selbst Kreativ-Workshops in ganz Großbritannien. Sie hat mehrere Bücher geschrieben und wurde von 2009-2011 vom britischen Medienhaus Origin Immediate Media zum „Celebrity Crafter of the Year“ gewählt. Ihre Kenntnisse und Erfahrungen aus dem Papierbastel- und allgemeinen Kreativ-Bereich nutzt sie auch im Bereich der Tortendekoration. Stephanie Weightman lebt in Derbyshire.

***www.mycupcakeclub.co.uk***

# Malen auf Torten

Stephanie Weightman

newart
medien & design

## Widmung

Ich widme dieses Buch Mark und Zoe. Unsere Mutter wäre so stolz auf uns. Ihr seid meine Motivation und Inspiration. Ich bin gesegnet, euch als meinen Bruder und Schwester zu haben.

# EINLEITUNG

Seitdem ich das Malen gelernt hatte, gefiel mir die Idee, auf Torten zu malen. Über die Jahre habe ich viele verschiedene Lebensmittelfarben mit unterschiedlichem Erfolg ausprobiert. Aber erst, als ich fast alle essbaren Malmittel ausgereizt hatte, habe ich essbaren Lebensmittellack und essbare Puderfarbe entdeckt, um selber Farbe herzustellen. Es war wie eine Erleuchtung. Ich wusste, dass wenn die Konsistenz und die Trocknungszeit der Farbe kontrollierbar ist, es möglich wäre, Highlights und Schattierungen in einem Durchgang zu malen - auf die Weise, wie ich es vor fast 20 Jahren von der großartigen Donna Dewberry mit Acrylfarben gelernt hatte.

Viele von uns wachsen in dem Glauben auf, nicht künstlerisch begabt zu sein. Dennoch würden die meisten Leute, wenn ich sie fragen würde, zugeben, dass sie sich selbst für kreativ halten. Das ist mehr als genug, um in diesem Stil der dekorativen Malerei erfolgreich zu werden. Bevor Sie auf die großartigen Fotos schauen und denken „Das kann ich sowieso nicht!“, möchte ich Sie bitten, offen zu bleiben und es zu versuchen. Ich bin sicher, Sie werden mit fantastischen Ergebnissen belohnt.

Nehmen Sie sich Zeit, die Striche zu üben, bevor Sie auf Ihre fertigen Torten gehen. Ich arbeite auf Azetat, wenn ich ein neues Design ausprobiere. Das Tolle daran ist, dass Sie, wenn Sie fertig sind, das Ergebnis über Ihre Torte halten und sich vorstellen können, wie das Design aussehen wird, wenn es direkt auf die Tortenoberfläche gemalt wird. Versuchen Sie außerdem, die Größe der Blumen und Blätter innerhalb eines Designs zu variieren. Nehmen Sie einfach einen kleineren Pinsel für kleinere Blumen und Blätter. Die Größe zu variieren, kann für Dimensionalität sorgen. Mit der Dimensionalität im Hinterkopf lasse ich manchmal die Farbe oder das Pigment aus meinem Pinsel laufen, indem ich nur den Lack aufnehme. So wird die Farbe heller und heller. Das Ergebnis ist ein viel transparenterer Effekt, der sehr überraschend sein kann und dem Design den vollendenden Touch verleiht.

Wenn Sie all die verschiedenen Pinselstriche beherrschen und Ihr Design geplant haben, kann das Auswählen der Farben ziemlich entmutigend sein. Lassen Sie sich nicht davon abschrecken, auf die Farben zu schauen und zu denken, dass sie vielleicht nicht zusammenpassen. Das ist der Punkt, an dem der kleine Trick hilft, den Pinsel zwischen den Farbwechseln nicht zu reinigen. Einen Hauch der vorherigen Farbe auf dem Pinsel zu behalten, hilft nicht nur, die Farben aneinander anzupassen. Es verleiht außerdem einen natürlichen Blendeffekt, der es aussehen lässt, als hätten Sie Stunden ins Farbenmischen investiert. Mit nur drei verschiedenen Farben können Sie Highlights und Schattierungen in einfach Dutzenden von Farbschattierungen kolorieren. Es ist wirklich eine schlaue Art zu malen. Der Schlüssel ist, immer sicherzustellen, dass die hellen und dunklen Farben auf getrennten Seiten des Pinsels sind. Setzen Sie immer den hellen Ton auf die gleiche Seite und den dunklen Ton auf die entgegengesetzte Seite. Wenn Sie beim Malen feststellen, dass die Farben ineinanderlaufen und matschig werden, haben Sie wahrscheinlich zu viel Lack auf dem Pinsel. Reinigen Sie den Pinsel, trocknen Sie ihn sorgfältig und nehmen Sie erneut Farbe auf. Wenn Sie erstmal angefangen haben zu malen, wird die Zeit wie im Fluge vergehen, auch wenn viele der Designs eher Minuten statt Stunden bis zur Fertigstellung benötigen. Das bedeutet, es wird nicht lange dauern, bis Sie Ihre fertigen Kunstwerke erst bestaunen und dann essen werden.

# MATERIALIEN

**Es gibt eine immer weiter wachsende Vielzahl an Materialien für die Tortendekoration. Dennoch lassen sich alle Torten in diesem Buch mit einem kleinen traditionellen Sortiment an Kuchenformen und überall erhältlichen Werkzeugen herstellen und dekorieren.**

Ein quadratischer Victorian Sponge Cake, ein Früchtekuchen, Schokoladenkuchen und Cup Cakes.

## Kuchen

Wenn es um Tortendekoration geht, ist der Früchtekuchen hier in England die traditionellste Art, die einem in den Sinn kommt. Früchtekuchen sind normalerweise recht schwer und dicht, mit einem relativ geringen Mehl-, aber hohen Fruchtanteil. Dieser Kuchen lässt sich gut aufbewahren.

Ein einfacher Victorian Sponge Cake (Rührkuchen) ist butterig, locker und leicht. Es ist perfekt für große, kleine oder cupcake-große Kuchen und kann geschnitten und geformt werden, sobald er abgekühlt ist. Dieser delikate Kuchen kann mit Vanilleextrakt oder Orangen- oder Zitronenzesten aromatisiert werden.

Schokoladenkuchen kann leicht und fluffig oder dicht und saftig sein und hält meist sich nicht lange genug, als dass man sich Gedanken über die Lagerung machen müsste. Normalerweise hält er sich jedoch gut 4-5 Tage.

Backformen gibt es in allen Formen und Größen. Einige sind mit einer Anti-Haft-Oberfläche beschichtet und einige erfordern, die Form zu fetten oder Papierförmchen oder Backpapier zu verwenden. Prüfen Sie Ihr Rezept, welche Methode sich am besten eignet.

Ein Drehteller ist beim Tortendekorieren sehr hilfreich, wenngleich auch nicht zwingend notwendig. Wenn möglich, wählen Sie einen mit der Möglichkeit zum Schrägstellen.

Cake Boards bzw. Tortenplatten werden zur Präsentation von Festtagstorten benutzt. Das Board wird üblicherweise mit Rollfandant überzogen und die Kanten mit einem Seidenband geschmückt, um das Design zu vervollständigen.

Runde Ausstechformen werden eingesetzt, um Fondant oder Fondantpapier in Form zu schneiden.

## Glasuren und Tortenüberzüge

Rollfondant ist ein sehr süßer Zuckerteig, der normalerweise aus Zucker, Fett und Glukose hergestellt wird und in bunten Farben oder Weiß erhältlich ist. Man kann den weißen Fondant aber auch selber einfärben.

Eiweißspritzglasur (Royal Icing) ist eine harte, weiße Glasur, die aus geschlagenem Eiweiß, Puderzucker und etwas Zitronen- oder Limettensaft besteht. Sie wird im dickflüssigen Zustand auf den Kuchen gegeben (vor allem über einen abgetrockneten Marzipanüberzug).

Buttercreme (englisch/amerikanische Art) ist eine Füllung, die in der Torte, als Überzug und als Dekoration verwendet werden kann. Sie wird aus Butter, Puderzucker, Vanille und etwas Milch gemacht.

Marzipan ist eine Paste aus gemahlenen Mandeln, Zucker und ggf. Eiweiß. Es wird vor allem als Überzug für den Kuchen verwendet, wenn eine Eiweißspritzglasur darüber kommt. Man kann es außerdem modellieren und darauf malen.

Puderzucker ist ein sehr feingemahlener Zucker, aus dem sich Glasuren und Tortenüberzüge herstellen lassen. Außerdem kann man ihn auf die Arbeitsfläche streuen, um zu verhindern, dass andere Dinge daran festkleben.

Fondantpapier besteht aus einer sehr dünn ausgerollten Zuckermasse. Es ist biegsam und einfach zu handhaben. Es lässt sich zwischen den Verwendungen in einer luftdichten Tüte aufbewahren, um das Austrocknen zu verhindern. Entfernen Sie vor der Verwendung das Trägerpapier.

*Im Uhrzeigersinn von oben links: Puderzucker im Streuer, Eiweißspritzglasur, Buttercreme, Marzipan, Fondantpapier, Rollfondant in Weiß und Farbe.*

# Malmittel

Essbare Puderfarbe kann mit Lebensmittellack gemischt werden, um essbare Farbe herzustellen. Mit den Techniken, die ich in diesem Buch zeige, lassen sich diese Farben mischen und eine unendliche Vielfalt an Schattierungen gestalten.

Mischpaletten sind perfekt, um Farben voneinander getrennt zu halten.

Nylon-Borstenpinsel sind die hygienischsten Pinsel, um auf Kuchen zu malen. Für die Projekte in diesem Buch brauchen Sie eine Reihe verschiedener Größen: Rundpinsel in Größe 1, 2, 5, 6 und 9 sowie Flachpinsel in 15 mm, 10 mm, 6 mm und 2 mm.

Alkohol in Lebensmittelqualität oder Isopropyl wird zum Reinigen der Pinsel und zum Entfernen des Lebensmittellacks verwendet.

Essbares Glanzspray lässt sich auf Rollfondant, Fondantpapier, Schokolade, Buttercreme und Marzipan sprühen, um erstaunliche Glanzeffekte zu erzielen.

Essbarer Silberglitter wird für den Schmetterlingskuchen auf Seite 62 verwendet. Es gibt zwei Arten von Glitter. Beide sind nicht giftig. Die eine Sorte sollte trotzdem vor dem Verzehr der Torte davon entfernt werden. Die andere ist problemlos essbar. Bitte achten Sie auf die Verpackung, bevor Sie den Glitter auf Ihre Torte bringen.

*Im Uhrzeigersinn von oben links: Alkohol, Lebensmittellack, essbares Glanzspray, essbare Puderfarben, Nylon-Borstenpinsel und eine Mischpalette voller Farben.*

# Andere Materialien

Bordürenstanzer sind eine gute Alternative zum Dekorieren mit Dekobändern, wenn sie in Verbindung mit Fondantpapier verwendet werden.

Ausrollstäbe gibt es in vielen verschiedenen Größen. Solche aus Kunststoff sind einfach sauber zu halten und hinterlassen keine Arbeitsspuren auf dem Tortenüberzug, weil sie ganz gerade sind.

Glätter werden zum Polieren und Glätten von Tortenüberzügen oder Marzipan verwendet, um ein professionelles Finish der Oberfläche zu erhalten. Benutzen Sie sie wie ein Bügeleisen.

Ausrollhilfen / Abstandshalter (Spacers) ermöglichen es Ihnen, Tortenüberzüge oder Marzipan in einer gleichmäßigen Dicke auszurollen.

Backpapier schützt Oberflächen und wird verwendet, um Backformen auszulegen, Spritztüten herzustellen und die Farbaufnahme des Pinsels zu testen.

Lineale sind hilfreich zum Messen, aber auch, um gerade Linien zu ziehen.

Palettenmesser in verschiedenen Größen werden dazu benutzt, ausgerollte Tortenüberzüge auf Cupcakes und Kuchen zu heben und um Eiweißspritzglasur oder Buttercreme zu glätten.

Einen Backpinsel benutzt man, um Konfitüre oder Marmelade auf den Kuchen zu streichen.

Verschieden große Scheren sind praktisch, um Ess- oder Backpapier zu schneiden.

Runde Ausstechformen sind perfekt, um Kreisformen als Aufleger oder Schilder, z.B. für Cupcakes, auszustechen.

Essbarer Kleber wird zum Verkleben zweier Glasur- oder Zuckerteile verwendet.

Azetat ist perfekt, um Ihr Design zu üben. Sie können es dann über die Torte halten, um eine Idee von der Größe und Positionierungen zu bekommen. Benutzen Sie Azetat auch zum Üben der Farbaufnahme mit dem Pinsel sowie von Pinselstrichen. Es fühlt sich glatt an wie beim Malen auf einem Tortenüberzug.

Küchenpapier wird zum Trocknen von Pinseln benutzt und zum Saubermachen.

Weißes Pflanzenfett vermeidet, dass Glasur oder der Tortenüberzug an Ihrer Arbeitsfläche anhaftet, wenn Sie sie ausrollen. Verteilen Sie ein kleines Stück auf der Arbeitsfläche, bevor Sie loslegen.

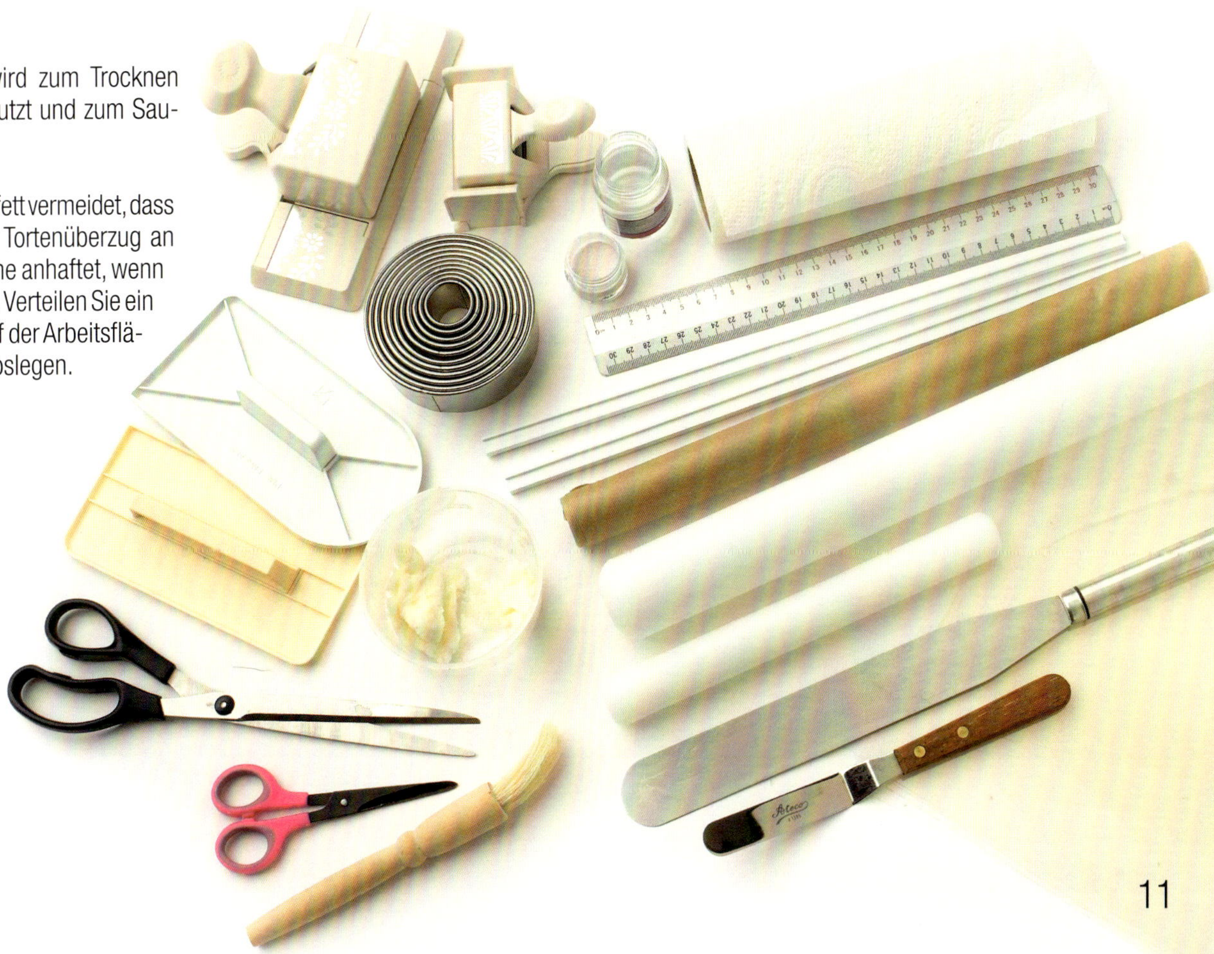

*Im Uhrzeigersinn von links oben:*

*Bordürenstanzer, essbarer Kleber, Küchenpapier, Lineal, Ausrollhilfen, Backpapier, Ausrollstäbe, Palettenmesser, Azetat, Backpinsel, Schere, weißes Pflanzenfett, Glätter, runde Ausstechformen.*

# TECHNIKEN

## Torten eindecken

Eine eingedeckte Torte bietet eine perfekte Oberfläche zum Malen. Wählen Sie einen Tortenüberzug, der zu der Art der Torte und dem Anlass passt, für den sie gemacht wird. Im Zweifelsfall ist Rollfondant immer beliebt.

### Mit Rollfondant

1 Streichen Sie weißes Pflanzenfett auf Ihre Arbeitsfläche, um ein Anhaften zu vermeiden.

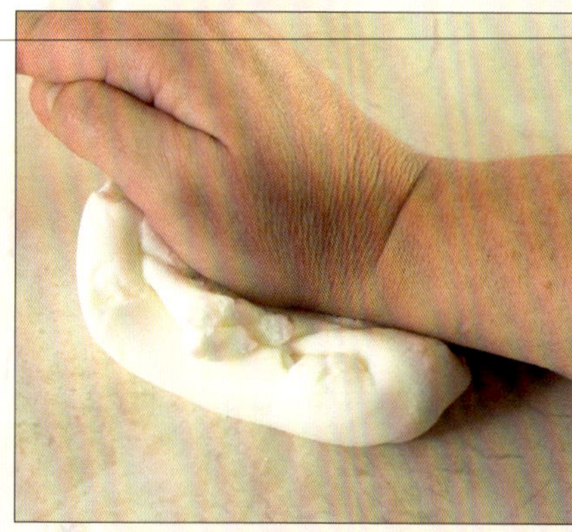

2 Kneten Sie den Rollfondant etwa 3 Minuten durch.

3 Rollen Sie ihn dünn aus.

4 Stechen Sie ihn mit einer Ausstechform in der richtigen Größe aus. Dies hier ist für einen Cupcake.

5 Heben Sie den Kreis aus Fondant mit einem Palettenmesser an und platzieren Sie ihn auf dem Cupcake. Glätten Sie die Kanten mit einem Glätter.

***Der Cupcake mit Überzug.***

## Tortenaufleger aus Rollfondant schneiden

Aufleger aus Rollfondant sind schnell und einfach gemacht. Sie eignen sich perfekt für Biskuitkuchen und können perfekt auf die nötige Größe des Kuchens gebracht werden.

1 Rollen Sie den Fondant aus, legen Sie einen Teller (oder anderen kreisförmigen Gegenstand in der richtigen Größe) darauf und schneiden Sie mit einem scharfen Messer ringsherum.

2 Glätten Sie die Kanten des Kreises mit einem Glätter.

3 Schieben Sie ein Palettenmesser unter den Rollfondantkreis und platzieren Sie ihn auf dem Kuchen.

*Der Kuchen mit Tortenaufleger.*

## Mit Marzipan und Eiweißspritzglasur

Eiweißspritzglasur benötigt eine wirklich trockene, glatte Oberfläche. Marzipan ist nicht nur lecker, sondern es ist auch noch ideal, um auf einem Früchtekuchen alle kleinen Unebenheiten zu glätten, bevor die Eiweißspritzglasur darauf kommt.

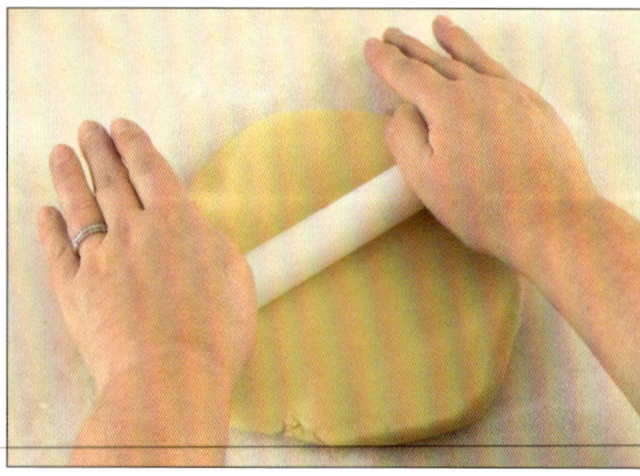

1 Streuen Sie Puderzucker auf Ihre Arbeitsfläche. Kneten Sie das Marzipan und rollen Sie es groß genug aus, um den ganzen Kuchen zu bedecken, plus ein wenig Reserve.

2 Bestreichen Sie den Früchtekuchen mithilfe eines Backpinsels mit Aprikosenkonfitüre.

3 Heben Sie das Marzipan mit einem großen Ausrollstab an. Unterstützen Sie es mit Ihrer Hand und platzieren Sie es auf dem Kuchen.

4 Jetzt hat der Kuchen ein „Marzipanröckchen". Schneiden Sie es mit einem Messer zurecht.

5 Drücken Sie das Marzipan mit Ihren Händen an den Kuchen und schneiden Sie erneut.

6 Glätten Sie die Oberfläche des Marzipans mit einem Glätter.

7 Legen Sie Backpapier auf einen Drehteller und platzieren Sie darauf den Kuchen. Geben Sie die Eiweißspritzglasur mit einem Löffel auf den Kuchen.

8 Drehen Sie den Kuchen und lassen Sie die Glasur an den Seiten herunterlaufen. Mit einem Holzlöffel verteilen Sie sie gleichmäßig.

10 Feuchten Sie das Palettenmesser erneut an, drehen Sie den Kuchen weiter und glätten Sie die Glasur. Wenn Sie das Messer wieder in heißem Wasser anfeuchten, kratzen Sie die anhaftende Glasur davon ab.

9 Stellen Sie eine Schüssel mit heißem Wasser neben sich und feuchten Sie darin das Palettenmesser an. Glätten Sie damit die Eiweißspritzglasur, indem Sie den Kuchen Stück für Stück drehen.

11 Machen Sie in gleicher Weise weiter, die Glasur immer mehr zu glätten. Zum Ende des Prozesses versuchen Sie, scharfe Kanten und einen sauberen Abschluss am unteren Rand zu schaffen.

*Der eingestrichene Kuchen.*

## Mit Fondantpapier

Fondantpapier ist so praktisch. Es lässt sich im Vorfeld bemalen, in verschlossenen Tüten aufbewahren und vor oder nach der Lagerung schneiden.

### Einen Aufleger herstellen und dekorieren

1 Ziehen Sie die Trägerfolie von dem Fondantpapier ab. Malen Sie eine Rose auf das Fondantpapier, wie auf Seite 24 gezeigt. Bestreichen Sie einen Cupcake mit Buttercreme. Benutzen Sie eine Ausstechform, um einen Kreis um die Rose auszustechen.

2 Legen Sie den Rosenaufleger auf den Cupcake.

3 Geben Sie Buttercreme in die Mitte der Rose.

4 Malen Sie zwei Blätter auf Fondantpapier, eines mit nur einer gekräuselten Seite (siehe Seite 22) und ein beidseitig gekräuseltes (siehe Seite 21). Schneiden Sie die Blätter mit einer Schere aus.

5 Stecken Sie die Blätter in die Buttercreme, dann setzen Sie eine weitere Rose oben drauf.

*Der fertige Cupcake*

## Eine Bordüre gestalten

Dekorative Bordüren lassen sich aus Fondantpapier ausstanzen und mit essbarem Kleber befestigen.

1 Ziehen Sie die Trägerfolie von dem Fondantpapier ab und legen Sie einen Streifen in den Bordürenstanzer. Stanzen Sie die Form an der ganzen Kante entlang aus.

2 Legen Sie die Bordüre auf Backpapier und sprühen Sie sie mit Glanzspray ein.

## Mit Schokolade

Schokoladen-Fondant, Schokoladenkuchen und geschmolzene Schokolade sind zusammen der wahre Schokoladenhimmel. Für eine noch schokoladigere Version überziehen Sie den ganzen Kuchen mit Schokoladen-Fondant, gießen geschmolzene Schokolade darüber und lassen sie an den Seiten herunterlaufen.

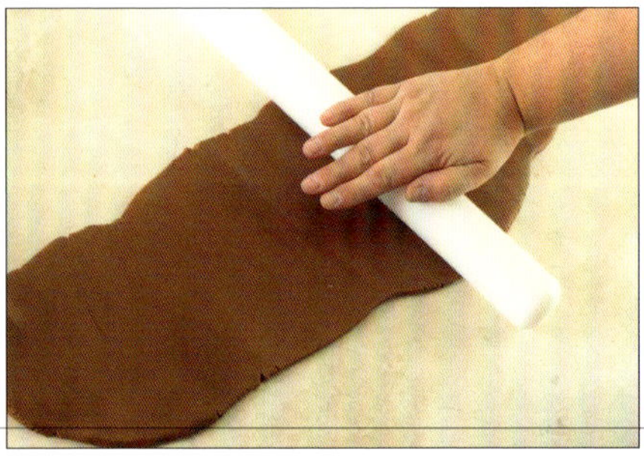

1 Bereiten Sie einen Schokoladenkuchen mit Buttercremefüllung zu und geben Sie die Buttercreme auch um den Rand herum. Kneten Sie Schokoladen-Fondant und rollen Sie ihn zu einer langen Form aus.

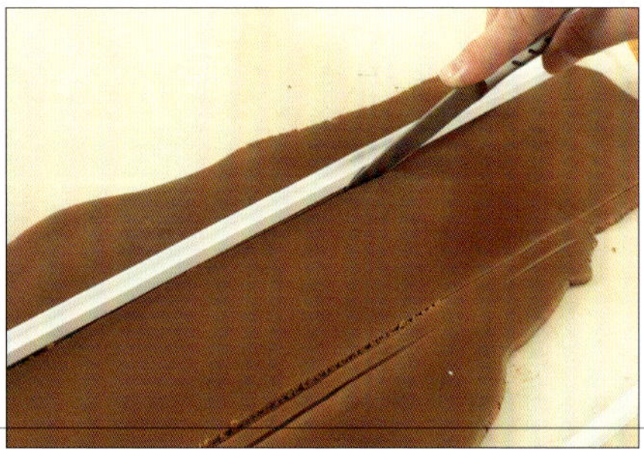

2 Messen Sie die Höhe Ihres Kuchens. Drücken Sie zwei Ausrollhilfen in den ausgerollten Fondant, um eine Manschette in der richtigen Höhe Ihres Kuchens zu erhalten. Schneiden Sie das Stück mit einem Messer aus.

3 Rollen Sie die Fondant-Manschette zusammen und bringen Sie sie an den Kuchen.

4 Bringen Sie die Manschette auf der Buttercreme rund um den Kuchen an.

5 Schneiden Sie die beiden Enden diagonal ab und fügen Sie sie fest zusammen. Benutzen Sie einen Glätter, um die Manschette zu glätten.

6 Schmelzen Sie gute Kuvertüre mit einem hohen Fettgehalt und gießen Sie sie über die Torte.

7 Verteilen und glätten Sie die Schokolade mit einem Löffel.

## Konturlinien aus Schokolade

Konturlinien aus Schokolade sind perfekt, um kleine Fehler oder Missgeschicke zu verdecken. Wenn Sie mit dem Malen beginnen, werden sie daher vielleicht recht beliebt sein. Probieren Sie Schokolade in verschiedenen Farben aus.

### Eine Sonnenblume

1 Malen Sie eine Sonnenblume auf Fondantpapier, wie auf Seite 23 gezeigt. Formen Sie aus Backpapier eine kleine Spritztüte und füllen Sie sie mit geschmolzener Schokolade. Spritzen Sie eine Konturlinie um die Sonnenblume.

2 Fügen Sie in der Mitte ein Highlight hinzu.

### Eine Rosenknospe

1 Malen Sie eine Rosenknospe auf Fondantpapier, wie auf Seite 25 gezeigt. Spritzen Sie die Konturlinie eines Blattes, das an einem Stängel hängt.

2 Füllen Sie die Konturlinie mit Schokolade aus dem Spritzbeutel.

*Die fertige Rosenknospe mit Schokoladenblatt.*

# MALTECHNIKEN

Wenn Sie diese einfachen Techniken benutzen, kreieren Sie schon mit ein paar einfachen Strichen Designs mit Wow-Effekt. Der wichtigste Teil des gesamten Malprozesses ist die Aufnahme der Farbe in den Pinsel. Wenn die Farbe am Pinsel verbraucht ist, stellen Sie sicher, dass er wieder perfekt gefüllt wird, bevor Sie weitermachen. Wenn die Farben schmutzig aussehen, dann haben Sie möglicherweise zu viel Flüssigkeit verwendet. Also trocknen Sie Ihren Pinsel und nehmen Sie erneut Farbe auf.

**Sie benötigen**

Palette mit grüner, roter, weißer, schwarzer, brauner und gelber Lebensmittel-Puderfarbe

Lebensmittellack

3 Pinsel: 10 mm flach, groß rund, Größe 1 rund

Einen Bogen Azetat

Drehteller und Bücher

## Vorbereitungen zum Malen

1 Tauchen Sie einen flachen 10 mm Pinsel in den Lebensmittellack.

2 Tauchen Sie eine Ecke des Pinsels in weiße Puderfarbe. Dann tauchen Sie die andere Ecke in grüne Farbe, so dass der Pinsel mit zwei Farben beladen ist.

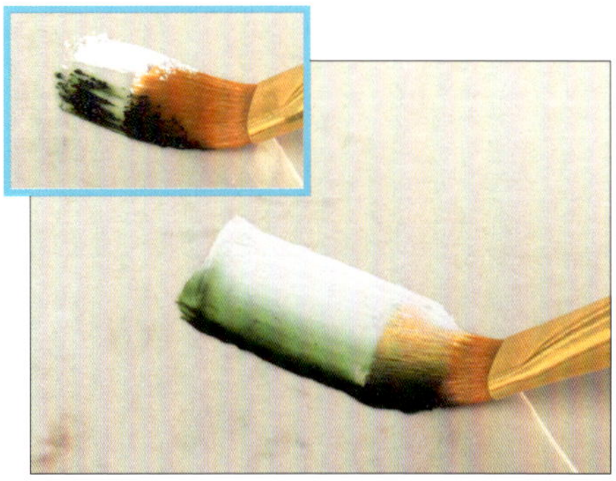

3 Streichen Sie über einen Azetatbogen, bis sich die Puderkörnchen in dem Lack gelöst haben und daraus eine glatte, vermalbare Lebensmittelfarbe in zwei Farbtönen geworden ist.

## Der Pinselstrich für ein flaches Blatt

1 Auf Ihrer Zuckeroberfläche malen Sie einen Pinselstrich, der am Anfang leicht nach oben geht und dann in einem Bogen wieder hinunterführt.

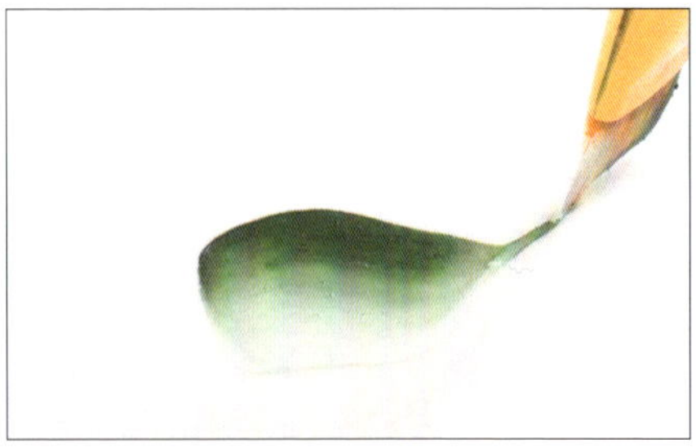

2 Schwenken Sie nach oben mit der geraden Kante des Pinsels, um die Blattform zu vollenden.

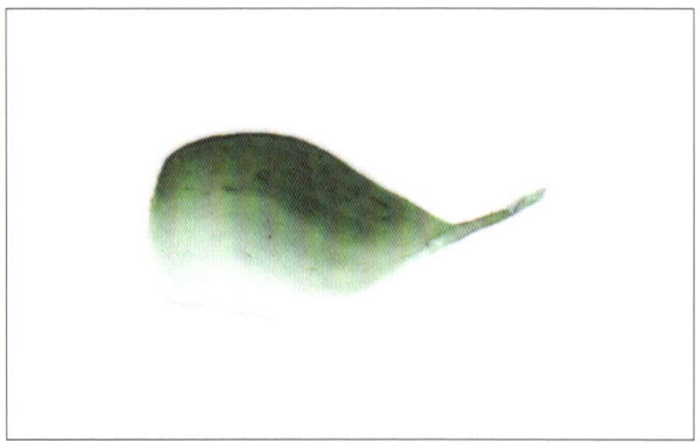

*Das fertige flache Blatt.*

**Tipp**
Sie sollten immer auf Augenhöhe malen. Also legen Sie Bücher unter Ihren Drehteller, wenn Sie am unteren Rand des Kuchens arbeiten. Nehmen Sie sie weg, wenn Sie im oberen Bereich arbeiten.

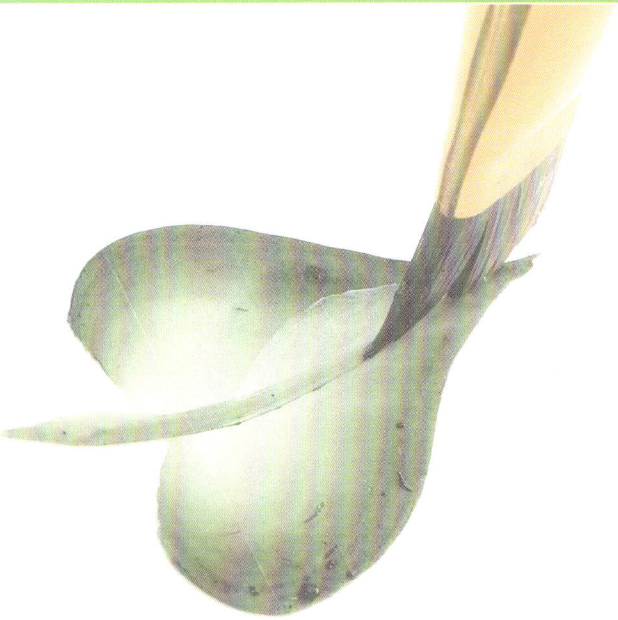

## Eine gekräuselte Blattform

1 Füllen Sie Ihren Pinsel wieder doppelt mit Grün und Weiß, lösen Sie die Körnchen auf und wackeln Sie dann mit dem Pinsel über die süße Oberfläche, um eine gekräuselte Form zu gestalten.

2 Malen Sie eine glatte Form und ziehen Sie einen Bogen nach oben, um die erste Hälfte des Blattes fertigzustellen.

3 Vervollständigen Sie die untere Hälfte des Blattes in gleicher Weise, aber spiegelverkehrt.

4 Ziehen Sie die Kante des Pinsels in das Blatt hinein, um einen gebogenen Stängel zu malen.

*Das fertige Blatt.*

## Eine glatte Blattform

1 Malen Sie einen Strich wie bei der flachen Blattform.

2 Wiederholen Sie dies spiegelverkehrt, um die untere Hälfte des Blattes zu vervollständigen.

3 Fügen Sie einen Stängel hinzu wie bei dem gekräuselten Blatt.

*Das fertige Blatt.*

## Blatt mit einer gekräuselten Seite

1 Malen Sie die obere Seite des Blattes wie beim gekräuselten Blatt.

2 Malen Sie die untere Hälfte wie beim glatten Blatt.

*Das fertige Blatt.*

## Ein Mohnblatt

1 Wackeln Sie mit dem Pinsel, als würden Sie ein gekräuseltes Blatt malen.

2 Setzen Sie die Wackelbewegung durch mehrere Kurven hinweg fort. Dann schwenken Sie den Pinsel hoch zu einer Spitze.

3 Nehmen Sie mehr Farbe auf und wiederholen Sie den Schritt, um die andere Seite des Blattes zu malen.

4 Schwenken Sie den Pinsel hoch zu einer Spitze.

5 Mit der geraden Kante des Pinsels malen Sie einen Stängel.

*Das fertige Blatt.*

## Flache Blütenblätter zu einer Blume zusammensetzen

1 Füllen Sie Ihren Pinsel doppelt mit roter und weißer Farbe und malen Sie eine flache Blattform auf (oder in diesem Fall ein Blütenblatt).

2 Malen Sie ein weiteres Blatt, dessen Spitze im gleichen Punkt endet. Setzen Sie dies in einem Kreis fort.

*Die fertige Blume.*

## Sonnenblume

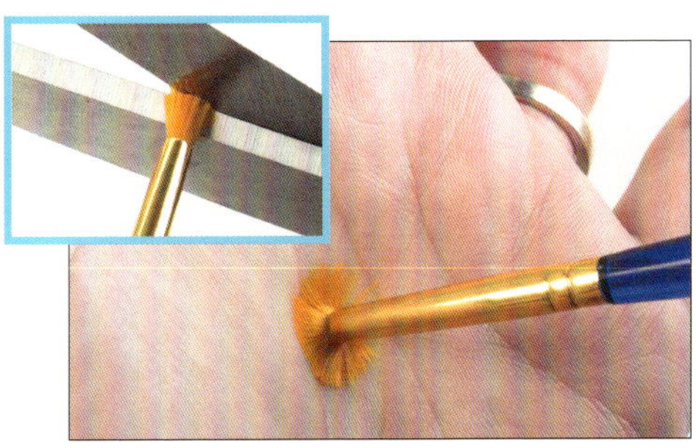

1 Nehmen Sie einen billigen runden Nylonpinsel und schneiden Sie die Borsten ab, um ihn zum Tupfen vorzubereiten. Drücken Sie die Borsten auf, um sie auseinander zu spreizen.

2 Nehmen Sie schwarze und braune Puderfarbe auf und drücken Sie sie auf dem Azetat auf. Malen Sie die Mitte der Sonnenblume mit dem flachen, abgeschnittenen Teil des Pinsels.

3 Wechseln Sie zu einem Flachpinsel und nehmen Sie gelbe und weiße Farbe auf. Pinseln Sie Blätter auf, indem Sie die Striche von der dunklen Mitte nach außen ziehen.

4 Gehen Sie einmal rund um die Blume, dann füllen Sie Weiß und Gelb nach und gehen noch einmal über die Blätter, um sie zu verstärken.

5 Tupfen Sie über die Kanten der Blumenmitte, um sie weicher zu gestalten.

*Die fertige Sonnenblume.*

## Punkte und Beeren

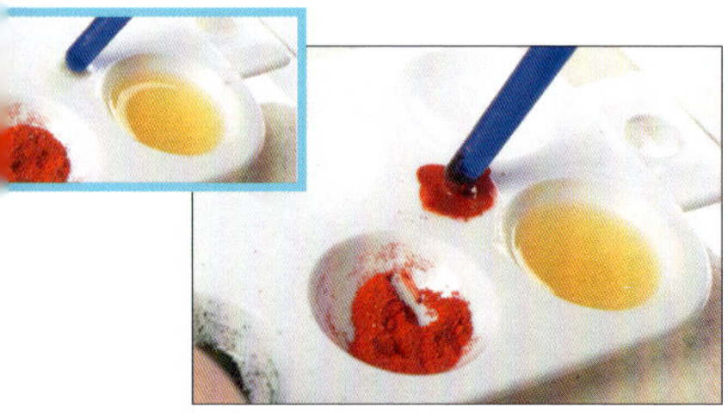

1 Nehmen Sie etwas Lack mit dem Ende des Pinselstiels auf und geben Sie ihn auf die Mischpalette. Dann mischen Sie rote Puderfarbe hinein.

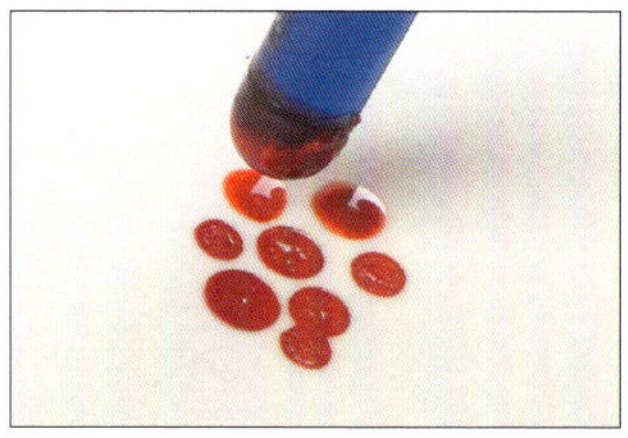

2 Für die Beeren drücken Sie mit dem Ende des Pinselstiels Punkte auf die Zuckeroberfläche.

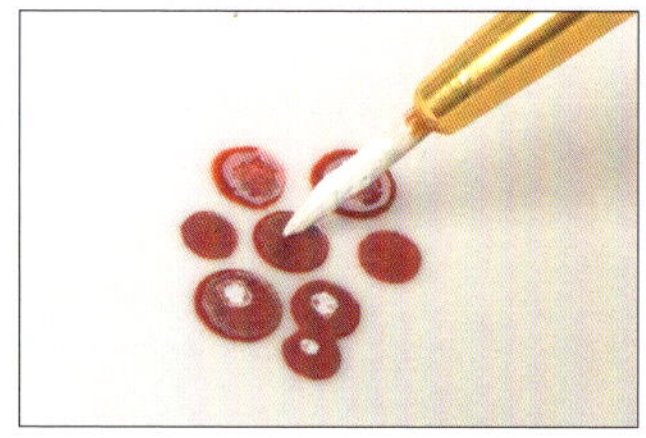

3 Mischen Sie weiße Puderfarbe mit dem Lack in gleicher Weise und verwenden Sie einen Rundpinsel in der Größe 1, um weiße Punkte als Highlights zu setzen.

*Die fertigen Beeren.*

## Rose

1 Füllen Sie Ihren Pinsel doppelt mit Rot und Weiß. Malen Sie dann mit einer wackelnden Bewegung ein Blatt wie bei dem gekräuselten Blatt.

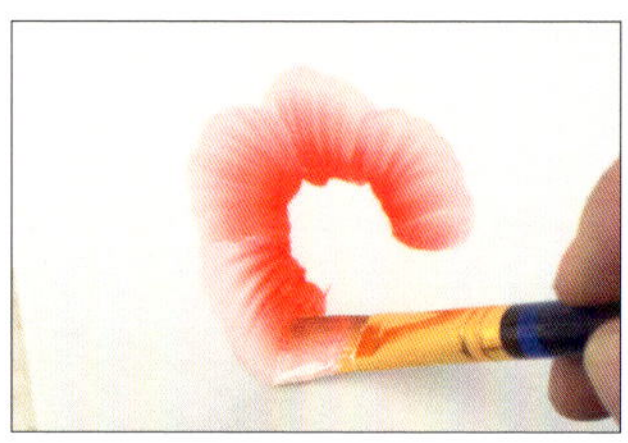

2 Fahren Sie damit im Kreis fort und fügen Sie Blütenblätter für die erste Schicht hinzu.

3 In der Mitte der ersten Schicht malen Sie ein glattes Blatt so wie das flache Blatt.

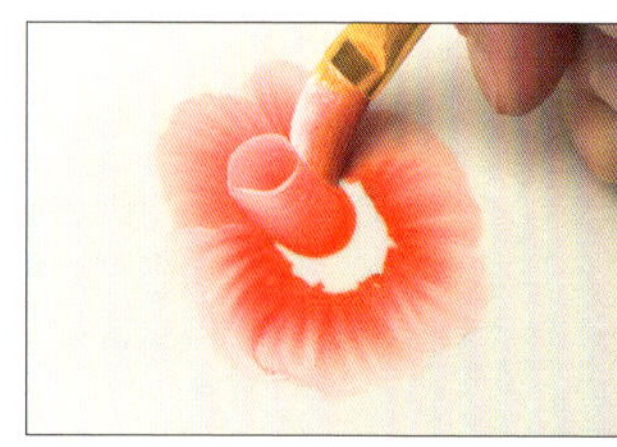

4 Malen Sie ein zweites glattes Blatt unter das erste, um die Mitte der Rose zu gestalten.

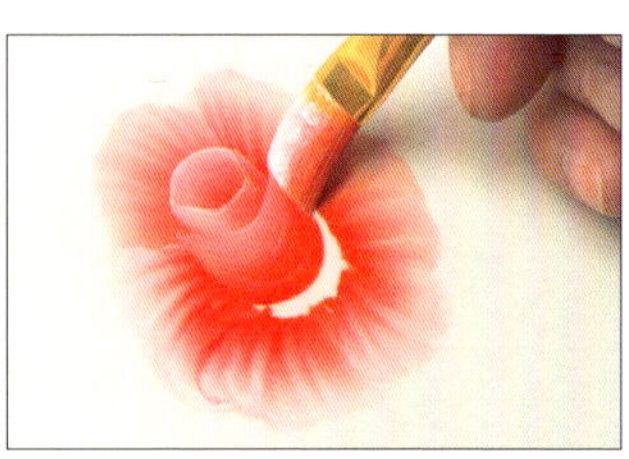

5 Malen Sie ein drittes glattes Blatt darunter.

6 Fügen Sie ein weiteres glattes Blatt am Rande der Mitte hinzu.

7 Auf der anderen Seite der Mitte folgt ein weiteres glattes Blatt.

8 Malen Sie ein letztes glattes Blatt unterhalb der Mitte, wie hier gezeigt.

*Die fertige Rose.*

## Rosenknospe

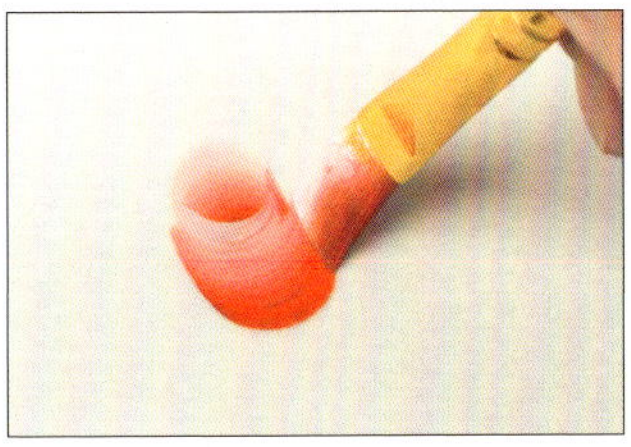

1 Wiederholen Sie die Schritte 3, 4 und 5 von dem Malprozess der Rose, um eine Knospe zu kreieren.

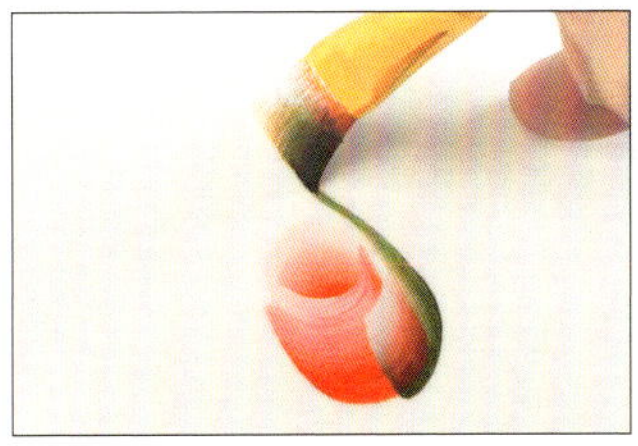

2 Lassen Sie etwas Farbe auf dem Pinsel und nehmen Sie Grün und Weiß auf. Malen Sie die erste Kurve des Blattes wie gezeigt.

3 Malen Sie ein zweites Blatt auf die andere Seite, danach ein drittes Blatt in den Vordergrund.

4 Malen Sie den obersten Teil des Stängels mit einem geschwungenen Strich unter das Blatt.

*Die fertige Rosenknospe.*

## Stängel und Ranken

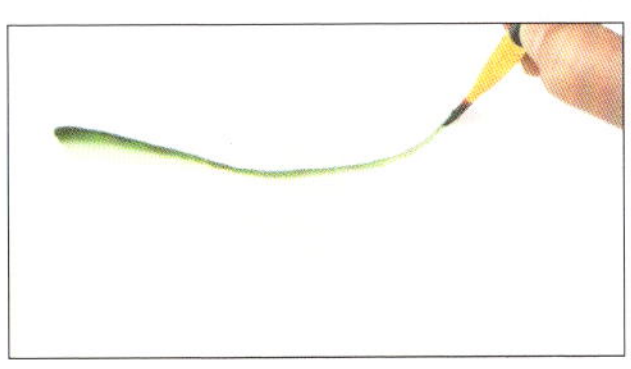

1 Nehmen Sie einen Nr. 1 Pinsel und füllen Sie ihn mit Grün und Weiß. Beginnen Sie mit einem ziemlich dicken Strich und ziehen Sie den Strich bis zu einer Spitze zulaufend hinaus.

2 Malen Sie weitere Stängel vom gleichen Punkt aus. Wechseln Sie dann zu einem Nr. 10 Flachpinsel und beginnen Sie, flache Blätter hinzuzufügen.

*Der Stängel mit flachen Blättern.*

3 Nehmen Sie den Nr. 1 Pinsel mit grüner Farbe und malen Sie eine lockige, spitz zulaufende Form, deren Farbe zum Ende ausläuft. Fügen Sie mehrere Ranken an die Stängel und Blätter.

*Die fertigen Stängel und Blätter mit Ranken.*

## Schleifen

1 Benutzen Sie einen Nr. 10 Flachpinsel mit Rot und Weiß und malen Sie zwei Schlingen wie gezeigt.

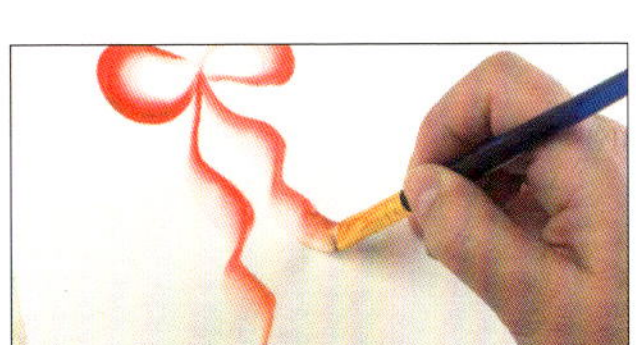

2 Malen Sie zwei geschlängelte Bänder von der Mitte der Schleife aus.

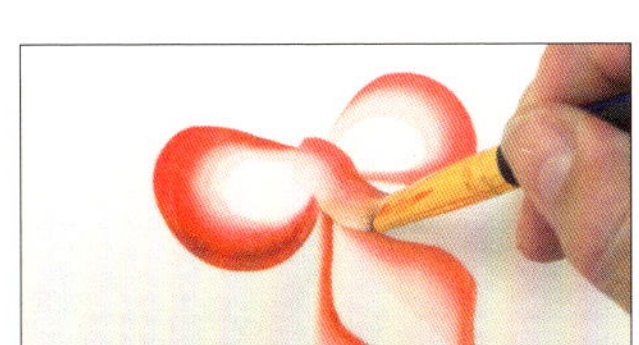

3 Malen Sie einen Strich für die Mitte über den Punkt, an dem sich beide Schlingen treffen.

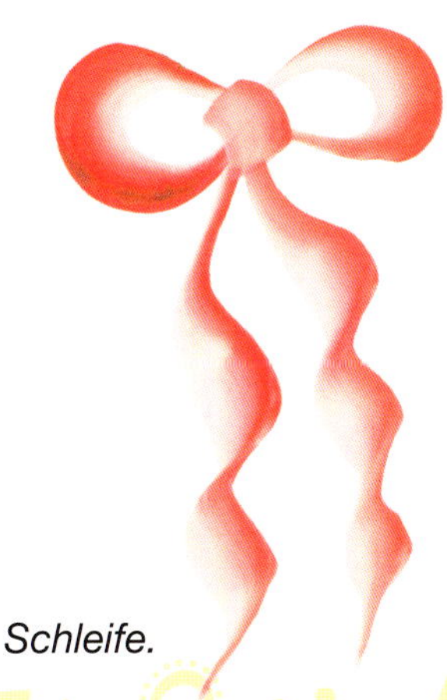

*Die fertige Schleife.*

# GÄNSEBLÜMCHEN-TORTE

Bei dieser wunderschönen Torte in Blütenform können Sie die Farben der Gänseblümchen variieren und an Ihre eigene Farbzusammenstellung anpassen. Die Dekoration der eingedeckten Tortenplatte mit aufgemalten Gänseblümchen ist eine schöne Veredelung. Benutzen Sie einfach einen kleineren Pinsel, um kleine Blüten zu malen. Das Gänseblümchen-Design sieht auch auf den Cupcakes toll aus. Schneiden Sie für die Torte mit einem Bordürenstanzer einen Rand aus Fondantpapier. Um das Cake Board einzudecken, rollen Sie Fondant aus und befeuchten das Board leicht, so dass der Fondant haften bleibt. Dann rollen Sie den Fondant auf das Board und schneiden ihn auf die richtige Größe zurecht. Sobald Sie die Torte fertiggestellt haben, wird die Tortenplatte mit doppelseitigem Klebeband umwickelt und ein Dekoband angebracht.

**Sie benötigen**

Eine blütenförmige Torte mit einem Durchmesser von 25,4 cm und 3 Cupcakes, die alle mit Rollfondant eingedeckt sind

Ein eingedecktes Cake Board mit einem Durchmesser von 30,5 cm

Essbare Puderfarben in Gelb, Weiß, Orange, Braun und Grün

Pinsel: 6 mm flach, Größe 5 rund, Größe 1 rund

Gelbes Dekoband

Fondantpapier, Bordürenstanzer und essbaren Kleber

1 Das Gänseblümchen-Design wird hier an einem Cupcake demonstriert, aber das gleiche Design wird auch für die Haupttorte verwendet. Benutzen Sie den 6 mm Pinsel, um Blütenblätter in Gelb und Weiß zu malen. Dann malen Sie Blütenblätter in Orange und Weiß darüber und dazwischen.

2 Nehmen Sie einen runden Pinsel in Größe 5 mit abgeschnittenen Borsten (siehe Seite 23), um die Mitte mit Braun zu tupfen.

3 Dann nehmen Sie den flachen 6 mm Pinsel, um Linien auf den Blütenblättern zu malen. Dafür benutzen Sie die schmale Kante des Pinsels, die in orange Farbe getaucht wurde.

4 Mit dem runden Pinsel in Größe 1 zeichnen Sie weiße Punkte als Highlights in die Mitte. Fügen Sie flache Blätter (siehe Seite 20) in Grün und Weiß hinzu.

Rechts: Detailausschnitt der fertiggestellten Torte. Der obere Teil der Haupttorte wurde mit ganzen und halben Gänseblümchen dekoriert. Die eingedeckte Tortenplatte wurde auch mit Gänseblümchen bedeckt. Auf den Cupcakes befinden sich unterschiedliche Gänseblümchen-Designs.

# TORTEN IN TROPFENFORM

Hier sehen Sie zwei ineinandergreifende Torten in Tropfenform. Das bedeutet, dass Sie eine Torte essen und die andere Torte aufbewahren können. Färben Sie weißen Rollfondant mit essbarer Puderfarbe, um die Farben der Blüten anzupassen. Nehmen Sie eine sehr kleine Menge der essbaren Puderfarbe und kneten Sie diese mit Ihren Handballen in den Fondant ein. Verwenden Sie eine größere Menge der Puderfarbe, um den Fondant dunkler zu machen, bis Sie die gewünschte Farbe erreicht haben. Wenn Sie an Torten arbeiten, die eine ungewöhnliche Form aufweisen, verwenden Sie dünne Cake Boards. Schneiden Sie die Boards auf die gewünschte Größe, indem Sie Backformen als Schablonen benutzen. Vollenden Sie die Tortenplatten mit einem passenden Dekoband.

**Sie benötigen**

Zwei mit gefärbtem Rollfondant bedeckte Torten in Tropfenform: die erste Torte in der Größe 20,3 cm und die zweite Torte in der Größe 25,4 cm

Dünne Cake Boards, die auf die richtige Größe zurechtgeschnitten wurden

Essbare Puderfarben in Hellblau, Marine blau, Grün und Weiß

Essbarer Lebensmittellack

Pinsel: 10 mm flach und 6 mm flach

Blaues Dekoband

1 Nehmen Sie Hellbalu, Marineblau und Weiß mit dem flachen 10 mm Pinsel auf und malen Sie eine Blume, indem Sie die Technik zur Erstellung eines gekräuselten Blattes nutzen (siehe Seite 21). Jetzt malen Sie eine Knospe mit denselben Farben. Machen Sie dafür aber die Pinselstriche, die zur Erstellung eines flachen Blattes gezeigt wurden (siehe Seite 20).

2 Ohne den Pinsel zu reinigen, füllen Sie ihn doppelt mit Grün und Weiß, um Stiele zu malen. Dann malen Sie gekräuselte Blätter wie bereits gezeigt.

3 Nehmen Sie einen flachen 6 mm Pinsel und malen Sie damit flache Blätter. Benutzen Sie mehr verdünnte Farbe, um undeutlichere Blätter zu erstellen und Tiefe zu kreieren.

*Links: Detailausschnitt der fertigen Torten, die gegenüber liegen. Die zweite Torte ist kleiner und schmiegt sich in einem Yin und Yang Muster an die erste Torte an.*

# SOMMERROSEN

Rosen sind die Essenz des Sommers und dieses Tortendesign eignet sich hervorragend für eine Party oder zum Hochzeitstag. Wenn Ihnen das Bemalen einer Torte nicht genügt, können Sie sich durch die zusätzlichen Cupcakes voll und ganz der Malerei hingeben. Die Cupcakes tragen außerdem zur Wirkung der Torte bei. Sobald die Torte dekoriert und auf die Tortenplatte gelegt wurde, bringen Sie doppelseitiges Klebeband um die Torte herum an. Dann haften Sie das erste, breitere Dekoband an die Torte. Wiederholen Sie den Prozess auf dem Dekoband und haften Sie das schmalere Seidenband an die Torte. Schließen Sie den Prozess mit Schleifen aus Dekoband ab. Dekorieren Sie auch die Tortenplatte mit dem schmalen lilafarbenen Seidenband.

**Sie benötigen**

- Eine Torte in der Größe 25,4 cm und 3 Cupcakes, die mit Rollfondant eingedeckt sind
- Ein eingedecktes Cake Board mit einem Durchmesser von 30,5 cm
- Essbare Puderfarben in Kirchrot, Bordeauxrot, Weiß, Dunkelgrün und Zitrusgrün
- Essbarer Lebensmittellack
- Pinsel: 10 mm flach
- Breites lilafarbenes Seidenband, schmales pinkes Seidenband, noch schmaleres blassgrünes Band für die Torte und schmales lilafarbenes Band für die Tortenplatte

1 Malen Sie die äußeren Blütenblätter, wie auf Seite 24 gezeigt wird, und mischen Sie dafür Kirschrot und Weiß sowie Bordeauxrot und Weiß. Malen Sie die Blütenblätter um die ganze Torte. Lassen Sie zwei der Rosen unvollständig, wie auf dem Bild gezeigt, weil sich eine Rose teilweise hinter einer anderen versteckt und eine weitere Rose teils mit Blättern bedeckt sein wird.

*Die fertiggestellte Torte mit den Cupcakes. Auf einem der Cupcakes befinden sich drei Rosen in herbstlichen Farben, die mit Pink- und Orangetönen erstellt wurden und ein paar braune Blätter haben. Ein anderer Cupcake hat Rosenknospen (siehe Seite 25) in derselben Farbe wie die Torte und der dritte Cupcake weist ein dichtes Muster aus Rosen in sommerlichen Farben auf.*

2 Malen Sie den Mittelteil der Rosen, wie auf Seite 24 beschrieben wird.

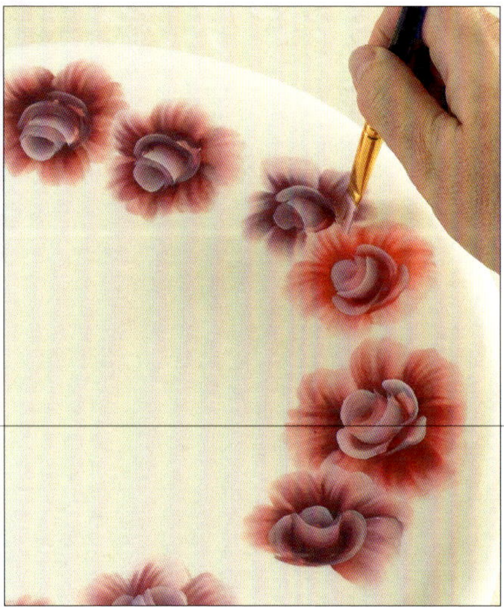

3 Gestalten Sie weitere Blütenblätter, wie auf Seite 24 gezeigt wird.

4 Malen Sie große, dunkelgrüne und gekräuselte Blätter, wie auf Seite 21 dargestellt wird. Tragen Sie dann noch mehr Grün auf. Einige Blätter sollen, wie auf dem Bild gezeigt, über den Tortenrand hinausragen.

5 Erstellen Sie weitere gekräuselte Blätter.

6 Fügen Sie kleinere und flachere Blätter wie gezeigt hinzu.

*Details auf den Cupcakes.*

# STIEFMÜTTERCHEN-TORTE

Dieses Stiefmütterchen-Design kann mit Leichtigkeit auf großen und kleinen Torten angewendet werden. Um die richtigen Farben der Blumen zu gestalten, können Sie sich echte Stiefmütterchen ansehen oder Bilder im Internet raussuchen. Malen Sie die Stiefmütterchen für einen vollen und atemberaubenden Effekt in Gruppen. Sobald die Torte dekoriert und auf das Cake Board platziert wurde, bringen Sie doppelseitiges Klebeband um die ganze Torte herum an. Kleben Sie ein blassgrünes Dekoband darauf. Dann kleben Sie darauf noch einmal Klebeband und schließlich das gepunktete blaue Dekoband. Bringen Sie über dem Dekoband eine dekorative Bordüre an, die mithilfe eines Bordürenstanzers aus Fondantpapier ausgestanzt wurde. Dekorieren Sie die Tortenplatte nur mit dem gepunkteten blauen Dekoband.

**Sie benötigen**

Eine Torte mit einem Durchmesser von 20,3 cm und 3 Cupcakes, die mit Rollfondant bedeckt sind

Ein eingedeckte Cake Board mit einem Durchmesser von 25,4 cm

Essbare Puderfarben in Hellblau, Marineblau, Weiß, Zitronengelb, Gelb, Dunkelgrün

Essbarer Lebensmittellack

Pinsel: 10 mm flach, 6 mm flach, Größe 1 rund

Blassgrünes und blau gepunktetes Dekoband

Bordürenstanzer, Fondantpapier und essbaren Kleber

1 Füllen Sie Ihren 10 mm Pinsel mit Hellblau, Marineblau und Weiß und malen Sie die oberen Blütenblätter der großen Stiefmütterchen und die Knospen.

2 Nehmen Sie Zitronengelb und Marineblau mit dem Pinsel auf und malen Sie die seitlichen grünen Blütenblätter.

3 Nehmen Sie, ohne den Pinsel zu reinigen, Gelb und Weiß auf und malen Sie die unteren Blütenblätter.

4 Malen Sie Stängel, wie auf Seite 25 beschrieben, und gekräuselte Blätter, wie auf Seite 21 dargestellt, indem Sie Dunkelgrün und Weiß nutzen. Die Hochblätter, die die Knospen umgeben, malen Sie mit den Pinselstrichen, die zur Erstellung eines flachen Blattes beschrieben wurden (siehe Seite 20).

5 Nutzen Sie den flachen 6 mm Pinsel und fügen Sie kleine, flache grüne und gelbgrüne Blätter zum Design hinzu.

*Die fertige Stiefmütterchen-Torte mit den Cupcakes. Diese zeigen, wie Sie Teile des Haupt-Designs malen können – ein Stiefmütterchen, zwei Stiefmütterchen oder zwei Knospen – um wunderschöne Cupcakes für jeden Anlass zu kreieren oder um Ihre Haupttorte für eine große Feier zu komplettieren.*

6 Malen Sie mit Gelb und Weiß und dem Ende des Pinselstiels Punkte in die Mitte der Stiefmütterchen, indem Sie die auf Seite 24 gezeigte Technik anwenden.

7 Nehmen Sie mit Ihrem flachen 6 mm Pinsel Marineblau und Weiß auf und berühren Sie damit die Stiefmütterchen nahe am Mittelpunkt, um Staubblätter zu kreieren.

8 Verdünnen Sie Dunkelgrün mit viel Lebensmittellack und benutzen Sie einen runden Pinsel in Größe 1, um die Ranken zu malen, wie auf Seite 25 gezeigt.

*Details der Torte und der Cupcakes.*

# HOCHZEITSTORTE IM HERBSTROSENDESIGN

Falls Sie nach einer einmaligen Hochzeitstorte suchen, dann wird dieses Design zweifellos das Richtige sein. Die rankende blaue Glyzinie, die die Rosen komplettiert, eignet sich perfekt, um Fehler zu überdecken. Das eingedeckte Cake Board ist ebenfalls im Rosen- und Glyzinien-Design bemalt. Um das Design zu variieren, beginnen Sie mit den großen Rosen auf der unteren Ebene und malen die Rosen allmählich kleiner, wenn Sie sich an der Torte hocharbeiten.

**Sie benötigen**

Drei Torten in den Größen 20,3 cm, 25,4 cm und 30,5 cm, die alle mit Rollfondant eingedeckt sind, sowie eine Platte in jeder Größe

Ein eingedecktes Cake Board in der Größe 35,5 cm

9 Tortenstützen

Essbare Puderfarben in Kirschrot, Olivgrün, Weiß, Bordeauxrot, Orange, Zitrusgrün, Dunkelgrün, Blau, Rosa

Essbarer Lebensmittellack

Pinsel: 10 mm flach, Größe 5 rund, 6 mm flach

Pastellblaues Dekoband

**Tipp**

Bei mehrstöckigen Torten wie dieser muss jede einzelne Torte zu Stabilitätszwecken auf einer dicken Platte liegen. Sie benötigen außerdem drei Tortenstützen, die durch jede Torte gehen. Drücken Sie eine Tortenstütze in die Torte und markieren Sie die Stütze mit einem Messer flach gegen die Oberseite der Torte. Dann entfernen Sie die Stütze, schneiden sie auf diese Höhe und schieben die Tortenstütze zurück in die Torte.

1 Nehmen Sie den 10 mm Pinsel und tragen Sie Kirschrot, Olivgrün und Weiß auf, um die Stängel auf den drei Etagen zu malen, wie unten gezeigt.

2 Füllen Sie eine Seite des Pinsels mit Olivgrün und die andere Seite mit einem Mix aus Bordeauxrot und Weiß. Malen Sie die Blätter (siehe Beschreibung für gekräuselte Blätter, Seite 21) als Basis für das Design mit dem Rosa in der Mitte.

3 Reinigen Sie den Pinsel nicht, so dass die verwendete Farbe noch vorhanden bleibt, und nehmen Sie Bordeauxrot und Weiß auf, um Rosen zu malen. Malen Sie weitere Rosen mit Kirschrot und Weiß und fügen Sie für einige Rosen etwas Orange zum Rot hinzu, um die verschiedenen herbstlichen Farbtöne zu erzielen.

4 Treten Sie einen Schritt zurück, damit Sie Lücken in dem Design erkennen können. Tragen Sie, ohne den Pinsel zu reinigen, Olivgrün auf einer Seite des Pinsels sowie Bordeauxrot und Weiß auf der anderen Seite des Pinsels auf und füllen Sie die Lücken, wenn nötig, mit gekräuselten Blättern. Fügen Sie dann flache Blätter hinzu (siehe Seite 21), indem Sie zwischen Zitrusgrün und Weiß sowie Dunkelgrün und Weiß wechseln.

Die fertiggestellte Hochzeits-
torte im Herbstrosendesign
auf einer eingedeckten und
bemalten runden Tortenplatte,
die mit einem blauen De-
koband verziert wurde.

5 Gestalten Sie Rosenknospen, wie auf Seite 25 gezeigt.

6 Schneiden Sie einen runden Pinsel in der Größe 5 zum Tupfen zurecht (siehe Seite 23). Nehmen Sie Blau und Weiß mit dem Pinsel auf und tupfen Sie damit die Glyzinie auf. Ändern Sie den Farbton, um einen dreidimensionalen Effekt aufzubauen.

7 Fügen Sie dem Mix noch mehr Weiß hinzu und malen Sie die Glyzinie, die an der Torte herunterrankt.

8 Füllen Sie Ihren flachen 6 mm Pinsel doppelt mit Rosa und Weiß und malen Sie Blumen mit fünf Blütenblättern zum Füllen der Lücken.

9 Malen Sie mit Olivgrün und etwas Orange am Rand des Pinsels kleine flache Blätter zum Füllen der Lücken, um die herbstlichen Farben zu komplettieren. Kreieren Sie mit der verbliebenen Farbe und etwas Lebensmittellack auf dem Pinsel transparente Blätter für den Hintergrund.

10 Gestalten Sie alle drei Etagen der Torte mit den gleichen Elementen und dem herabfallenden Design der Torte. Bemalen Sie das eingedeckte Cake Board mit den Elementen des Designs und fügen Sie zum Schluss grüne und weiße Blätter mit dem flachen 10 mm Pinsel hinzu.

11 Malen Sie die Vorderseite und die Rückseite der Torte genauso. Dann gestalten Sie ein paar transparente Blätter, um das Design wie gezeigt zu verbinden.

*Details der Hochzeitstorte im Herbstrosendesign.*

# HERZTORTE

Einer der größten Vorteile dieser romantischen Herztorte ist, dass Sie jede Art von Blumen in das Weidenkorb-Design integrieren können. Das Design wird lebendig, wenn Sie Blumen in kontrastierenden Farben wählen. Durch das Übereinanderlegen und Bemalen der verschiedenen Elemente können Sie einen wirklich vollen Effekt erzielen. Ich habe kleine Herzkuchen zur Haupttorte gemacht, und wenn Sie diese für eine Verlobungsfeier, den Jahrestag oder eine Hochzeit machen, können Sie etwas als Erinnerung für den Anlass behalten. Dekorieren Sie jede Tortenplatte mit einem weinroten Dekoband und fügen Sie eine Schleife hinzu. Ich habe außerdem eine dekorative Bordüre aus Fondantpapier mithilfe eines Bordürenstanzers ausgestanzt.

**Sie benötigen**

- Eine herzförmige Torte mit einem Durchmesser von 30,5 cm und drei herzförmige Cupcakes mit einem Durchmesser von 10 cm, die alle mit Rollfondant bedeckt sind
- Dünne Cake Boards, die für die kleineren Kuchen auf die richtige Größe geschnitten wurden
- Ein herzförmiges und eingedecktes Cake Board mit einem Durchmesser von 35,5 cm
- Essbare Puderfarben in Schokobraun, Weiß, Kirschrot, Dunkelgrün, Zitrusgrün, Bordeauxrot und Pastellgelb
- Essbarer Lebensmittellack
- Pinsel: 10 mm flach und 6 mm flach
- Weinrotes Dekoband
- Fondantpapier, Bordürenstanzer und essbaren Kleber

1 Nehmen Sie den 10 mm Pinsel, um das Korbdesign am unteren Teil der Herztorte mit Braun und Weiß zu kreieren.

2 Malen Sie Rosenknospen in verschiedenen Größen (siehe Seite 25) in den Farben Kirschrot und Weiß, um den oberen Teil des Designs zu formen.

3 Ohne den Pinsel vorher zu reinigen, tragen Sie Gelb und Zitrusgrün auf und gestalten gekräuselte Blätter. Das Grün wird heller, wenn Sie wieder Farbe mit dem Pinsel aufnehmen, und das Rot wird klarer.

4 Malen Sie Hochblätter um die Rosenknospen herum (siehe Seite 25) und fügen Sie ein paar flache Blätter hinzu (siehe Seite 20).

5 Nehmen Sie mit dem Pinsel Kirschrot und Weiß auf und malen Sie eine doppelte Schleife in die Mitte der Herztorte.

*Die fertiggestellte Herztorte auf einer herzförmigen Tortenplatte, dekoriert mit einem weinroten Dekoband und drei kleinen Kuchen. Einer der Kuchen hat ein ähnliches Design, einer hat pinke Rosenknospen und eine Schleife und ein weiterer Mini-Kuchen hat nur auf einer Seite blaue und lilafarbene Blumen und Blätter.*

6 Malen Sie kleine flache Blätter mit dem flachen 6 mm Pinsel, beladen mit Dunkelgrün und Weiß. Bauen Sie das Design auf, indem Sie weitere flache Blätter in Grün und Weiß malen.

7 Malen Sie blaue Blumen mit fünf Blütenblättern in Lila, Blau und Weiß sowie etwas Bordeauxrot und Weiß. Erstellen Sie auch einige Blumen, die hinter den Blättern hervorgucken, und fügen Sie kleine, runde Knospen weiter unten hinzu.

8 Fügen Sie braunere Blätter mit Braun, ein bisschen Bordeauxrot und Weiß zu dem Design hinzu.

9 Nutzen Sie das Ende des Pinselstiels und einen Mix aus Pastellgelb und Weiß, um Punkte in die Mitte der Blumen zu setzen (siehe Seite 24).

*Details von dem Haupt-Herzkuchen und einem Mini-Kuchen.*

# SPITZEN-TÖRTCHEN

Mini-Törtchen in verschiedenen Farben sind eine besondere Leckerei für die Teerunde, wie die Petits Fours, die einige von uns noch aus der Kindheit kennen. Diese Spitzen-Version ahmt ein genähtes Design aus Stoff und Spitze nach. Der Rollfondant wird mit den gleichen essbaren Puderfarben eingefärbt, die auch zum Malen benutzt werden (siehe Seite 28). So schön und farbenfroh sie anzusehen sind, sind diese Törtchen auch lecker zu essen und sogar einfach zu bemalen. Platzieren Sie die Törtchen in Cupcake-Boxen für als entzückendes Geschenk.

**Sie benötigen**

10 viereckige Törtchen in der Größe 6,3 cm, die mit gefärbtem Rollfondant überzogen wurden

Essbare Puderfarben in Apricot, Weiß, Blau, Grün, Gelb und Pink

Essbaren Lebensmittellack

Pinsel: 6 mm flach, 2 mm flach, Größe 1 rund

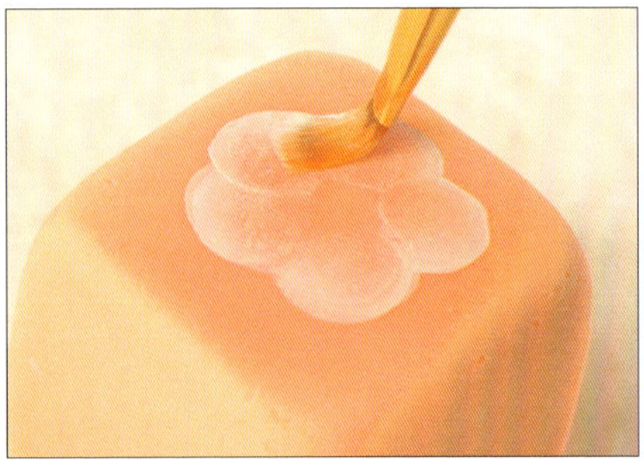

1 Dieses Törtchen wurde mit weißem Rollfondant bedeckt, der mit essbarer Puderfarbe in Apricot eingefärbt wurde. Nehmen Sie Ihren flachen 6 mm Pinsel und laden Sie ihn auf einer Seite nur mit Weiß, um eine Blume mit fünf Blütenblättern zu malen.

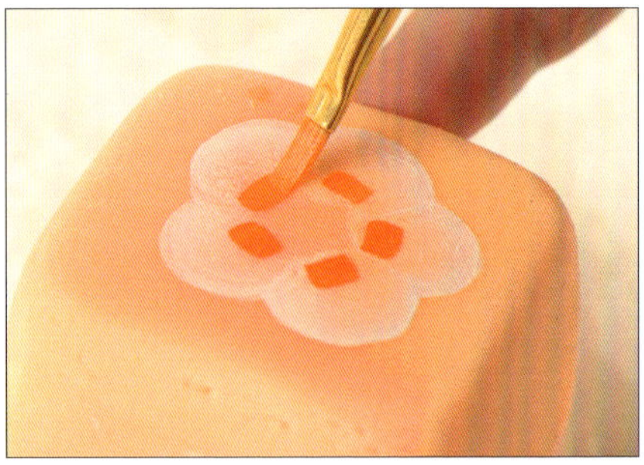

2 Benutzen Sie Ihren flachen 2 mm Pinsel und nehmen Sie Apricot auf, um bandartige Linien mit der flachen Seite zu malen.

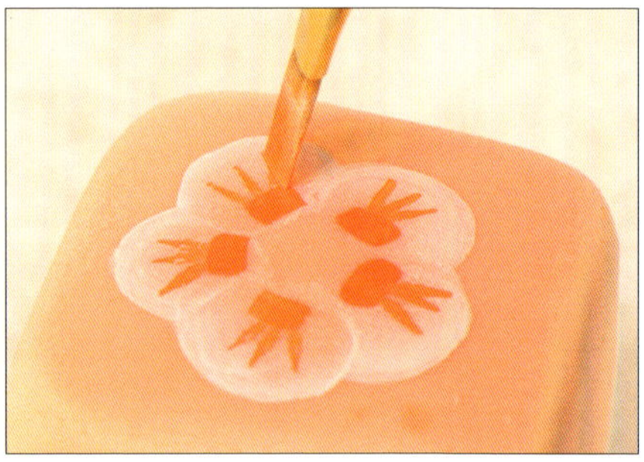

3 Malen Sie mit der Kante des 6 mm Pinsels kleine Striche in Apricot über die Bänder.

4 Benutzen Sie den runden Pinsel in Größe 1 mit Weiß, um kleine Punkte um die Blüte herum zu malen. Arbeiten Sie im Uhrzeigersinn, dann wechseln Sie und arbeiten gegen den Uhrzeigersinn, so dass die Abstände gleichmäßig bleiben.

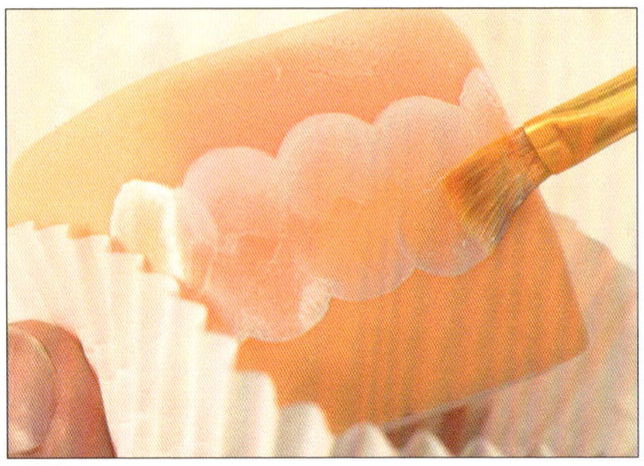

5 Halten Sie das Törtchen in einer Form und nutzen Sie den flachen 6 mm Pinsel, der auf einer Seite nur mit Weiß befüllt ist, um eine Reihe von Wellen an der Seite des Törtchens zu malen. Malen Sie um die Ecken herum und verbinden Sie die Bordüre. Komplettieren Sie die Bordüre mit kopfstehenden Wellen an der Unterseite.

*Die fertiggestellten Spitzen-Törtchen. In allen Fällen wurde weißer Rollfondant mit essbarer Puderfarbe eingefärbt und die gleiche Farbe zum Bemalen aller Törtchen verwendet, so dass die Farbdetails eine stärkere Nuance der gleichen Farbe aufweisen.*

6 Malen Sie wie zuvor mit dem 2 mm Pinsel kleine Bänder in Apricot in die Mitte des dekorativen Elements.

7 Benutzen Sie den 6 mm Pinsel, um jeweils drei Striche über und unter den Dekobändern in Apricot zu malen.

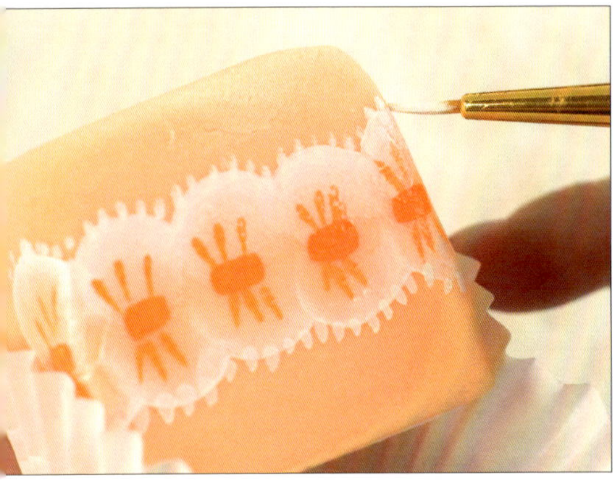

8 Malen Sie mit einem runden Pinsel in Größe 1 und weißer Farbe kleine weiße Punkte über und unter das Dekoband.

9 Zum Schluss malen Sie weiße Striche auf jeder Seite der Bänder auf die Dekoration.

*Details der Spitzen-Törtchen.*

# MOHNBLUMEN-TORTE

Mohnblumen sind immer ein Favorit und die hellen, lebhaften Farben erzeugen auf dem weißen Rollfondant atemberaubende Ergebnisse. Dieses Design ist bei Menschen aller Altersklassen beliebt. Vollenden Sie es mit einer dekorativen Bordüre aus Fondantpapier, die mithilfe eines Bordürenstanzers ausgestanzt wurde, und einem auffälligen Dekoband mit einer Schleife. Um die Schleife anzubringen, drücken Sie drei grüne Stecknadeln in Blattform ein. Dekorieren Sie die Tortenplatte mit einem grünen Dekoband.

**Sie benötigen**

- Eine ovale Torte in der Größe 25,4 cm, die mit Rollfondant überzogen wurde
- Ein viereckige, eingedecktes Cake Board in der Größe 25,4 cm
- Essbare Puderfarbe in Rot, Bordeauxrot, Dunkelgrün, Zitrusgrün, Schwarz
- Essbarer Lebensmittellack
- Pinsel: 10 mm flach, Größe 5 rund, 6 mm flach
- Rotes und grünes Dekoband
- 3 grüne Stecknadeln in Blattform
- Fondantpapier
- Bordürenstanzer
- Essbarer Kleber

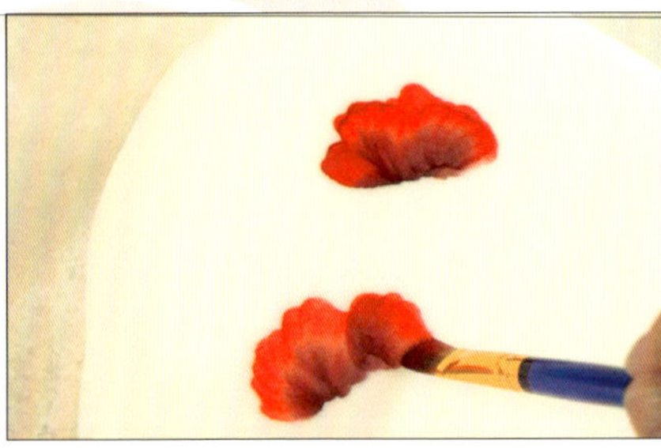

1 Malen Sie die oberen Blütenblätter der großen Mohnblumen so, wie Sie ein gekräuseltes Blatt malen würden (siehe Seite 21). Nehmen Sie dazu den 10 mm Pinsel und die Farben Rot und Bordeauxrot. Das dunklere Bordeauxrot sollte sich in der Mitte der Blüten befinden.

2 Malen Sie die seitlichen und unteren Blütenblätter genauso.

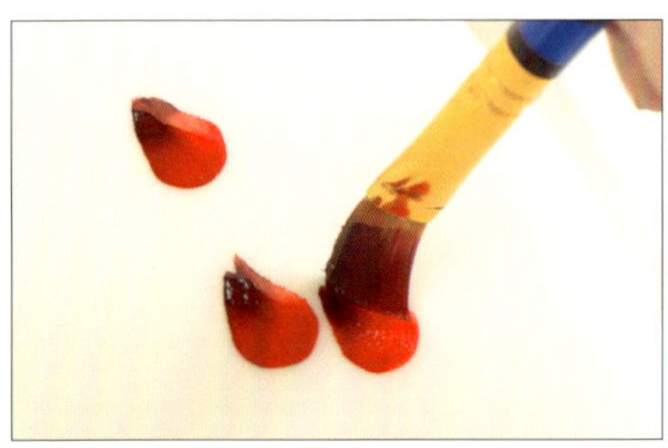

3 Malen Sie die Knospen in der Form kleiner flacher Blätter mit dem Bordeauxrot obenauf.

4 Nehmen Sie, ohne den Pinsel zu reinigen, Dunkelgrün und Weiß auf und malen Sie die Hauptstängel (siehe Seite 25). Nutzen Sie wieder Grün und Weiß, ohne den Pinsel zu reinigen, um die Stängel für die Knospen zu malen.

*Die fertiggestellte Mohnblumen-Torte auf einem viereckigen, eingedecktes Cake Board, das mit einem grünen Dekoband gesäumt wurde. Das Dekoband und die Schleife geben dem Ganzen eine abschließende Verzierung.*

5 Malen Sie die Blätter der Mohnblume mit Dunkelgrün und Zitrusgrün und befolgen Sie die Anweisungen auf Seite 22.

6 Vervollständigen Sie die zweite Seite des Mohnblumenblattes.

7 Benutzen Sie einen runden Pinsel in der Größe 5, der zum Tupfen zurechtgeschnitten wurde (siehe Seite 23) und tupfen Sie schwarze Punkte in die Mitte der Hauptblumen.

8 Nehmen Sie mit dem Pinsel einige Körnchen der essbaren gelben Puderfarbe auf und tupfen Sie diese auf, um Pollen in die Mittelteile der Mohnblumen zu malen. Fügen Sie kleine Blätter in Dunkelgrün und Weiß mit dem flachen 6 mm Pinsel zum Auffüllen hinzu.

*Detail von der Mohnblumen-Torte.*

# OSTERLILIE

Diese Maltechnik funktioniert genauso gut auf Schokolade, wie bei dieser Osterleckerei gezeigt. Natürlich ist Schokolade zu jeder Zeit im Jahr beliebt. Stellen Sie sicher, dass die Schokolade ausgehärtet ist, bevor Sie darauf malen. Ich stelle meine Torte immer für eine halbe Stunde in den Kühlschrank, bevor ich mit dem Malen anfange. Dekorieren Sie das Cake Board mit einem silbernen Dekoband und befestigen Sie ein braunes Band darüber.

**Sie benötigen**

einen Schokoladenkuchen in der Größe 30,5 cm mit einer Manschette und einer Glasur, wie auf Seite 18 beschrieben

Ein Cake Board in der Größe 30,5 cm

Essbare Puderfarben in Gelb, Weiß, Bordeauxrot, Orange, Dunkelgrün und Zitrusgrün

Essbarer Lebensmittellack

Pinsel: 10 mm flach, 6 mm flach

Silbernes und braunes Dekoband

1 Füllen Sie einen 10 mm Pinsel mit Gelb und Weiß und malen Sie die Blütenblätter der Lilien wie gezeigt.

2 Nehmen Sie eine kleine Menge Bordeauxrot mit der gelben Pinselseite auf und noch einmal Weiß auf die andere Seite und malen Sie die zweiten Seiten der Lilien.

3 Nutzen Sie den flachen 6 mm Pinsel, um die Blütenstängel mit Gelb und Orange zu malen.

4 Füllen Sie den Pinsel mit Dunkelgrün und Weiß und malen Sie einen Strich am unteren Teil einer Osterlilie.

5 Malen Sie einen zweiten und einen dritten Strich, die beide zum selben Punkt unter der Blume führen.

*Die fertiggestellte Osterlilien-Torte.*

6 Malen Sie Stängel (siehe Seite 25) mit Dunkelgrün und Weiß.

7 Benutzen Sie den 10 mm Pinsel mit Dunkelgrün und Zitrusgrün, um die Blätter der Osterlilien zu malen.

8 Um das nach hinten gebogene Blatt zu malen, stoppen Sie auf halbem Wege, heben den Pinsel an und streichen ihn abwärts, damit Sie den geknickten Teil malen können.

9 Malen Sie das Gras mit Dunkelgrün und Zitrusgrün, um das untere Ende der Stängel sauber abzuschließen.

*Detail von der fertiggestellten Osterlilientorte.*

# LIBELLEN-TORTE

Die Libellen-Torte gehört zu meinen liebsten Designs und eignet sich gut für eine Hochzeit oder eine große Feier. Wie für alle mehrstöckigen Torten benötigen Sie auch für diese Torte Tortenstützen und Platten zu Stabilitätszwecken (siehe Tipp auf Seite 38). Ob Sie nur eine oder eine ganze Reihe von Libellen malen, das Design sieht beeindruckend aus. Die untere Etage ist vollständig mit Blumen bemalt und erweckt den Eindruck, als handele es sich um zart bemalten Stoff anstatt Fondant. Dekorieren Sie den Boden der oberen Torte mit einem schmalen Dekoband und den Boden der unteren Torte mit einem breiteren Band. Die Cupcakes sehen mit einer einzigen Libelle toll aus.

**Sie benötigen**

Eine Torte in der Größe 20,3 cm, eine Torte in der Größe 25,4 cm und zwei Cupcakes, die alle mit Rollfondant bedeckt sind.

Zwei Cake Boards in der jeweiligen Größe

Tortenstützen

Essbare Puderfarben in Eisblau, Weiß, Dunkelgrün, Violettblau, Olivgrün

Essbarer Lebensmittellack

2 Pinsel: 10 mm flach und 6 mm flach

Breites und schmales türkises Dekoband

1 Ich demonstriere die Libelle auf einem Cupcake, aber das Malen einer Libelle auf der Haupttorte funktioniert genauso. Füllen Sie den flachen 10 mm Pinsel mit Eisblau und Weiß und malen Sie zwei Flügel, Spitze an Spitze, als würden Sie Blütenblätter malen.

2 Malen Sie auf die gleiche Weise zwei weitere Flügel unter die ersten Flügel.

3 Tragen Sie Eisblau, Weiß und ein wenig Dunkelgrün auf der rechten Seite Ihres 6 mm Pinsels auf. Streichen Sie den Pinsel hinab, um den Kopf zu kreieren, der sich in der Mitte über den Flügeln befindet. Dann heben Sie den Pinsel an.

4 Malen Sie die nächste Körperpartie auf die gleiche Weise direkt darunter.

5 Fahren Sie fort, indem Sie immer kürzere Körperpartien der Libelle malen und lassen Sie kleine Lücken dazwischen.

*Die fertige Libellen-Torte, dekoriert mit einem türkisen Dekoband und zwei Cupcakes in Blau und Violettblau.*

6 Richten Sie den Körper der Libelle leicht gebogen zur linken Seite aus und machen Sie kleinere Punkte für den Schwanz. Die Libelle sollte sich in der Mitte der Haupttorte befinden.

7 Nehmen Sie Eisblau, Violettblau und Weiß mit dem 10 mm Pinsel auf und malen Sie, wie auf dem Bild gezeigt, Blumen mit fünf Blütenblättern um die ganze obere Haupttorte herum. Malen Sie drei Blütenblätter einer Blume, die hinter einer ganzen Blume zu sehen sind.

8 Füllen Sie den Pinsel mit Olivgrün, Weiß und Eisblau und malen Sie flache Blätter (siehe Seite 20). Lassen Sie die Blätter an einigen Stellen überlappen. Bedecken Sie die Seiten der unteren Torte mit Blumen und Blättern auf die gleiche Weise.

*Detail der Libellen-Torte und der Cupcakes.*

# SCHMETTERLINGE

Diese zweistöckige Torte benötigt Tortenstützen und Tortenplatten für eine angemessene Stabilität (siehe Tipps auf Seite 38). Die bemalten Dekorationen sind noch eindrucksvoller, weil sie dreidimensional sind. Einfach über die ganze Torte verteilt und dann mit essbarem Glitzer bestäubt, ist dieses Kaleidoskop an Schmetterlingen wirklich magisch. Malen Sie zierliche Blätter und Stängel als Orientierungshilfe für die Positionierung der Schmetterlinge und der Blätter, auf dem sich die Schmetterlinge ausruhen können. Dekorieren Sie die untere Tortenplatte mit einem pinken Dekoband.

**Sie benötigen**

Eine viereckige Torte in der Größe 20,3 cm und eine viereckige Torte in der Größe 30,5 cm

Zwei viereckige Cake Boards in der jeweiligen Größe

Tortenstützen

Essbare Puderfarben in Pink, Weiß, Orange, Bordeauxrot, Pastellgelb und Dunkelgrün

Essbarer Lebensmittellack

Fondantpapier

Schere

Backpapier

Genoppter Schaumstoff

Essbarer Kleber

Essbarer silberner Glitter

Pinsel: 10 mm flach, Größe 2 rund, 6 mm flach

Pinkes Dekoband

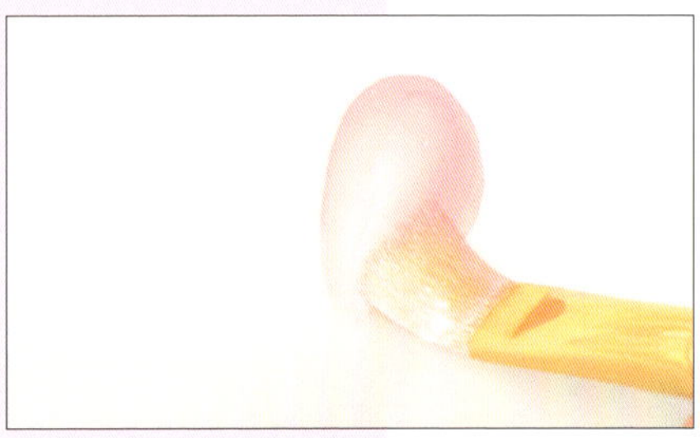

1 Malen Sie Schmetterlinge auf Fondantpapier. Nehmen Sie den flachen 10 mm Pinsel und tragen Sie Pink und Weiß sowie Pink mit ein wenig Orange auf. Malen Sie die Form eines Blütenblattes als oberen Teil des Flügels.

2 Wackeln Sie mit dem Pinsel, als würden Sie einen gewellten Rand kreieren wollen.

3 Malen Sie den unteren Flügel auf die gleiche Weise.

4 Malen Sie auch die andere Seite des Schmetterlings auf diese Weise. Stellen Sie sicher, dass der Körper breit genug ist. Andernfalls könnte der Schmetterling brechen, sobald er ausgeschnitten wird.

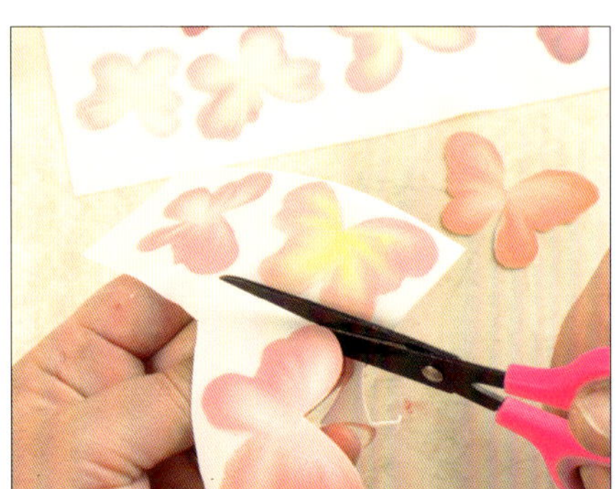

5 Füllen Sie das Fondantpapier mit Schmetterlingen in verschiedenen Tönen wie Pink, Bordeauxrot, Orange, Gelb und Weiß. Schneiden Sie die Schmetterlinge mit einer Schere aus.

*Die fertige Schmetterlingstorte.*

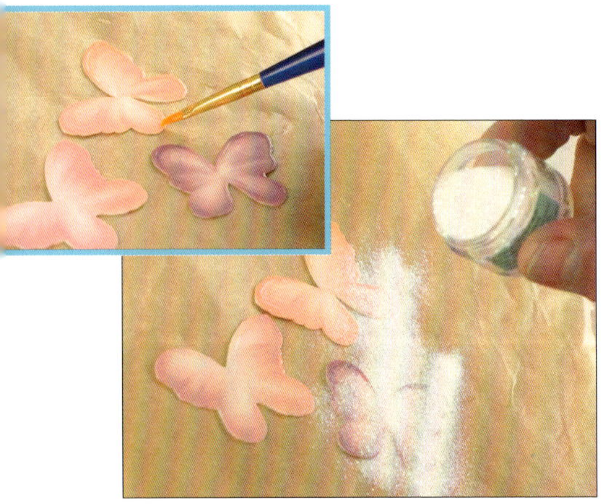

6 Legen Sie die Schmetterlinge auf Backpapier. Benutzen Sie einen runden Pinsel in der Größe 2 und streichen Sie essbaren Kleber um die Ränder, dann schütten Sie etwas essbaren Glitter darüber. Streichen Sie den überschüssigen Glitter wieder zurück in den Tiegel.

7 Biegen Sie die Flügel der Schmetterlinge leicht zurück und lehnen Sie sie an etwas genoppten Schaumstoff, so dass sie in dieser Position trocknen können und diese realistische Form annehmen.

8 Nehmen Sie mit dem flachen 6 mm Pinsel viel Lebensmittellack auf, um einen transparenten Farbeffekt zu gewährleisten. Dann nehmen Sie Dunkelgrün und Weiß auf und malen Stängel (siehe Seite 25) und flache Blätter (siehe Seite 20) auf einer Ecke der Torte und über den Rand.

9 Benutzen Sie einen transparenten Bordeauxrot-Mix, um flache Blätter zu malen. Dann malen Sie flache Schmetterlinge in denselben Farben wie zuvor.

10 Kleben Sie die 3D-Decoupage-Schmetterlinge mithilfe von essbarem Kleber auf den bemalten Bereich der Torte. Wo nötig, können Sie die Schmetterlinge mit einer Stecknadel in dem Fondant befestigen, bis der Kleber getrocknet ist. Die Löcher der Stecknadeln können Sie mit einem Pinsel und einer sehr kleinen Menge Fondant, gemischt mit Wasser, abdecken.

11 Bemalen und dekorieren Sie eine Ecke jeder Torte wie gezeigt und es entsteht eine Wolke aus 3D-Schmetterlingen.

*Detail der Schmetterlingstorte.*

# LAVENDEL-CUPCAKES

**Wenn Sie vorher noch nie gemalt haben, dann sind diese schnellen und einfachen Cupcakes ideal, um damit zu starten. Einfache Lavendelstängel, die sich zu kleinen Sträußen überkreuzen, sind die Grundlage des Designs. Färben Sie den Rollfondant mit Puderfarbe ein. Benutzen Sie dafür die Mischung, die in Schritt 2 beschrieben wird, und variieren Sie die Intensität zwischen den Cupcakes.**

**Sie benötigen**

Fünf Cupcakes, mit lila eingefärbtem Rollfondant eingedeckt, in unterschiedlicher Farbintensität (siehe Seite 28)

Essbare Puderfarbe in Zitrusgrün, Weiß, Marineblau, Kirschrot, Violettblau

Lebensmittellack

Pinsel: 6 mm flach

1 Verwenden Sie den 6 mm Flachpinsel mit Zitrusgrün und Weiß, um Stängel auf die Fondantoberfläche des Cupcakes zu malen.

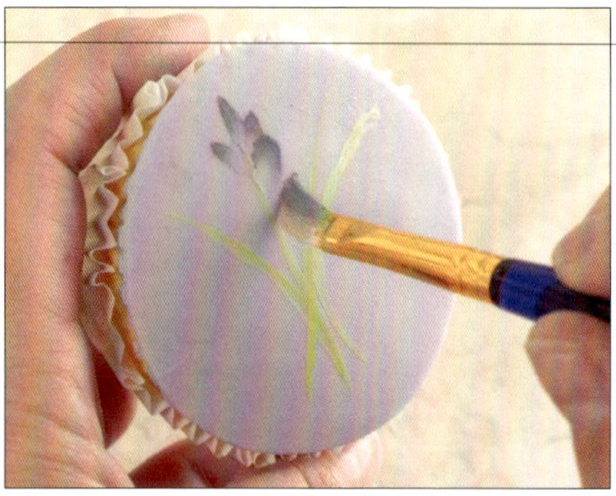

2 Um eine lila Lebensmittelfarbe zu erhalten, mischen Sie Marineblau, Kirschrot und Violettblau mit Weiß. Mischen Sie die Farben zu einem Ton an, der dunkler ist als Ihr Fondantaufleger und benutzen Sie die Spitze des Pinsels, um kleine Lavendelblütenformen darauf zu drücken.

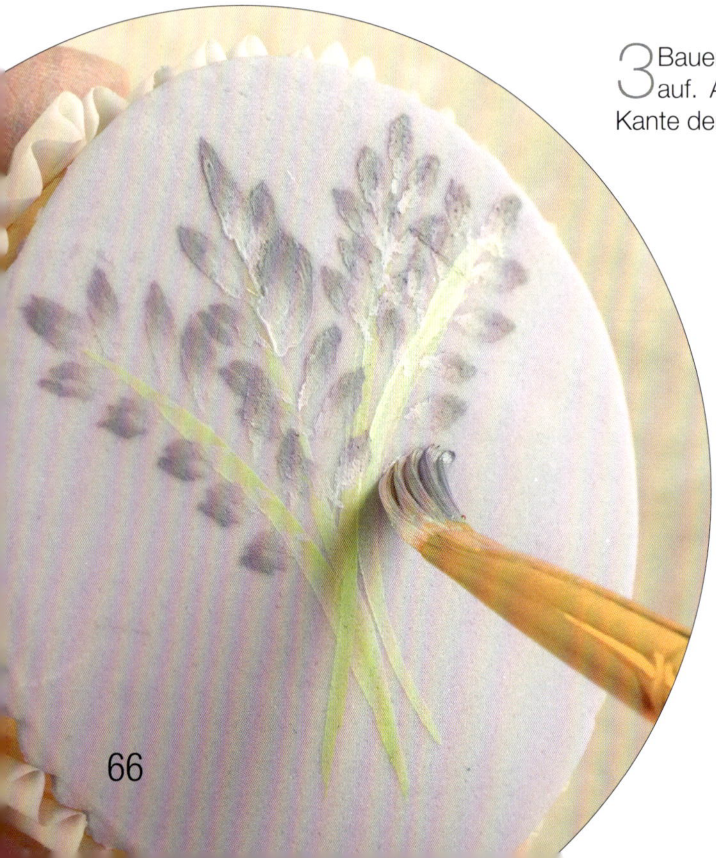

3 Bauen Sie ein Muster aus Lavendel auf. Arbeiten Sie sich dabei an der Kante der Stängel entlang.

*Die fertigen Cupcakes. Diese wunderschönen Cupcakes bilden ein hübsches Arrangement auf einer Sommerhochzeit oder -party. Variieren Sie die Lila- und Grüntöne.*

4 Nehmen Sie wieder Farbe auf und malen Sie weitere Lavendelblüten im Mittelteil der Stängel.

5 Malen Sie kleinere Blüten im unteren Bereich der Stängel.

6 Nehmen Sie noch einmal Zitrusgrün und Weiß auf und malen Sie Blätter unterhalb der Blumen.

*Details der Lavendel-Cupcakes.*

# SONNENBLUMENTORTE

Wenn eine große Festtagstorte gefordert wird, warum sollte man dann nicht gleich ein richtiges Statement hinterlassen mit diesem riesigen Sonnenblumendesign. Die Größe der Blume lässt sich an jegliche Kuchengröße anpassen – vom Cupcake bis zur XL-Rundform. Verzieren Sie den unteren Rand der Torte und das Cake Board mit einem breiten gelben Dekoband und legen Sie ein braunes Band darauf.

**Sie benötigen**

- Einen 35,5 cm große, mit Rollfondant eingedeckten Kuchen
- Ein 35,5 cm großes Cake Board
- Essbare Puderfarbe in Schokobraun, Weiß, Pastellgelb, Leuchtend Gelb, Bordeauxrot
- Lebensmittellack
- Alkohol
- Pinsel: 15 mm flach, Größe 9 rund
- Breites Dekoband in Gelb und schmales Band in Braun

1 Benutzen Sie den 15 mm Flachpinsel, um in die Mitte des Kuchens einen großen schokobraunen Kreis für die Mitte der Sonnenblume zu malen. Arbeiten Sie mit großen, geschwungenen Strichen.

2 Füllen Sie den Pinsel mit Pastellgelb und Weiß und malen Sie Blütenblätter um die Mitte herum, ohne das Braun zu berühren.

3 Füllen Sie den Pinsel dann mit Leuchtend Gelb und Weiß und malen Sie weitere Blütenblätter zwischen die ersten.

4 Stellen Sie sicher, dass Sie zufällige Striche machen, anstatt vom Anfang bis zum Ende einmal rund herum zu malen. Sonst sieht es aus wie ein Windmühleneffekt.

5 Nehmen Sie mit dem Pinsel Gelb und Weiß auf sowie ein bisschen Bordeauxrot, damit einige Blätter etwas dunklere Kanten bekommen.

*Die fertige Sonnenblumentorte. Sie eignet sich perfekt für eine Sommerparty oder für jemanden, der seinen Garten liebt. Das eingedeckte Board wurde am Rand mit gelbem und braunem Band verziert.*

6 Pinseln Sie Lebensmittellack über die Sonnenblumenmitte.

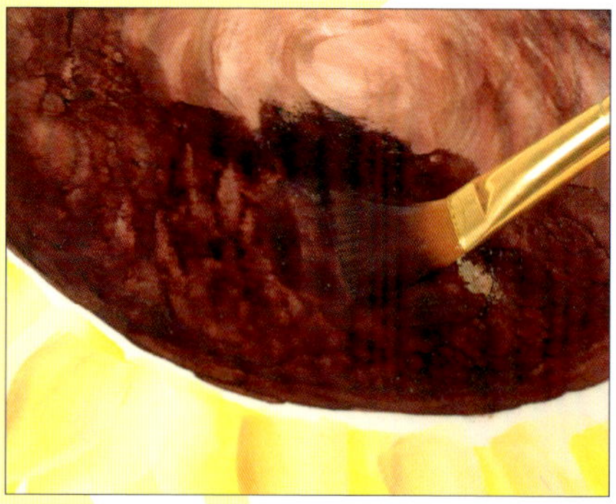

7 Pinseln Sie mehr schokobraune Puderfarbe auf, solange der Lack feucht ist, um einen Textureffekt zu erhalten. Tupfen Sie mit dem Pinsel auf die Oberfläche, um Farbtupfen zu kreieren.

8 Während die Mitte noch feucht ist, ziehen Sie mit dem Pinsel etwas Farbe heraus, um die inneren Bereiche der Blütenblätter zu schattieren.

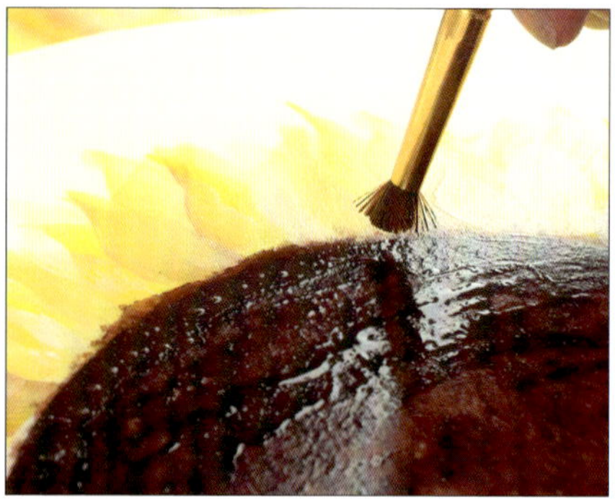

9 Schneiden Sie die Borsten eines Rundpinsels Größe 9 ab, um einen Tupfpinsel zu erhalten (siehe Seite 23). Tupfen Sie damit um die Kante der Blumenmitte, um die Kanten weicher zu machen.

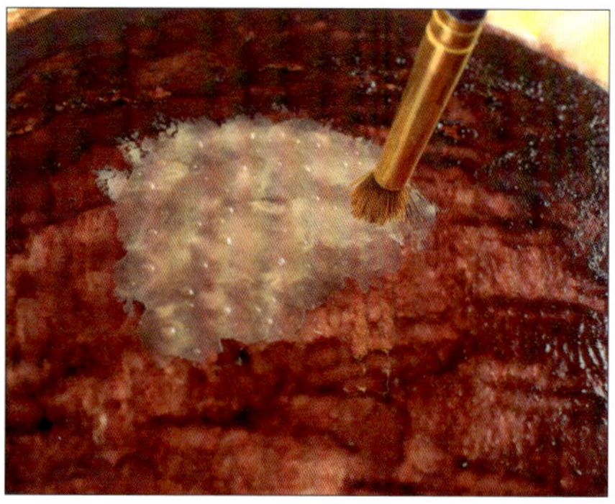

10 Nehmen Sie etwas leuchtend gelbe Farbe auf den Tupfpinsel und tupfen Sie einen Teil der Mitte, um Highlights zu gestalten.

11 Kreieren Sie ein paar Akzente in der Mitte mit zwei Schwenks des Tupfpinsels mit leuchtend Gelb und Weiß.

12 Nehmen Sie eine Mischung aus Lebensmittellack, Schokobraun und Alkohol auf und schnipsen Sie die Borsten des Pinsels, um den Mix über die Torte zu spritzen.

*Details der Sonnenblumentorte.*

# SCHWARZ-WEISSE HOCHZEITSTORTE

Dieses Design in Schwarz-Weiß wirkt elegant und raffiniert und würde auch in anderen Farbkombinationen gut funktionieren. Durch seine Vielseitigkeit eignet es sich für fast jeden Anlass oder Feierlichkeit. Lassen Sie die oberste Torte mit einem schwarzen Dekoband am unteren Rand abschließen und ebenso die beiden anderen Teile oben und unten mit dem gleichen Band.

### Sie benötigen

Eine 20,3 cm große quadratische Torte, eine 25,4 cm große quadratische Torte und eine 30,5 cm große quadratische Torte, alle mit Rollfondant eingedeckt.

Ein dickes quadratisches Cake Board in jeder Größe

Neun Tortenstützen

Zwei Acryltortenständer

Essbare Puderfarbe in Schwarz und Weiß

Essbaren Lebensmittellack

Pinsel: 10 mm flach, Größe 5 rund

Drehteller

Schwarzes Dekoband

**Tipp**

Für die Stabilität steht jede Torte auf einem dicken Cake Board und sollte mit drei Tortenstützen befestigt sein, wie auf Seite 38 beschrieben. Die Stufen wurden mithilfe von Acryltortenständern aufeinander gebaut.

1 Stellen Sie sicher, dass Sie Ihren Drehteller hochgestellt haben, damit Sie auf Augenhöhe arbeiten können. Laden Sie den 10 mm Flachpinsel mit Schwarz und Weiß und malen Sie drei Pinselstriche für ein flaches Blatt (siehe Seite 20) an der Seite des kleinsten Kuchens entlang. Malen Sie auf gleiche Weise auf alle vier Seiten.

2 Nehmen Sie mit dem Pinsel der Größe 5 Farbe auf und malen Sie drei kleine Blütenblätter zwischen zwei der Blattformen. Machen Sie damit weiter, immer drei Blütenblätter zwischen alle Blattformen zu malen, ebenso an den Ecken des Kuchens.

*Diese stylische, moderne Torte bringt eine zurückhaltende Eleganz auf den Hochzeits- oder Festtagstisch.*

3 Benutzen Sie das Ende des Pinselstiels, um Punkte unter jedes Blütenblatttrio zu setzen (siehe Seite 24).

4 Beginnen Sie, die Oberfläche der Torte mit einem 10 mm Flachpinsel und weißer und schwarzer Farbe zu bemalen. Malen Sie damit eine Blattform.

5 Malen Sie eine zweite Blattform daneben, wie hier gezeigt.

6 Malen Sie die andere Hälfte des Blattes spiegelverkehrt zur ersten, wie gezeigt. Die Spitze des Blattes sollte zur Ecke der Torte zeigen. Malen Sie auf diese Weise Blätter in alle vier Ecken. In die Mitte jeder Seite der Tortenoberfläche zwischen die Eckblätter malen Sie einen Pinselstrich für ein flaches Blatt (wie in Schritt 1).

7 Wechseln Sie zu dem Rundpinsel Größe 5 und malen Sie, wie gezeigt, drei Blütenblätter über jedes Blatt.

8 Mit dem Ende des Pinselstiels fügen Sie Punkte hinzu, um die Blüten zu dekorieren (siehe Seite 24). So vervollständigen Sie die oberste Torte. Die mittlere und die untere Torte sind Variationen der obersten.

*Details der schwarz-weißen Hochzeitstorte.*

# INDEX